サフラジェット

英国女性参政権運動の肖像とシルビア・パンクハースト

中村久司
Hisashi Nakamura

The Suffragettes

大月書店

目次

II　私たちのシルビア……191

※本文中の写真のうち出典の明記がないものについては、すべてLondon School of Economics図書館（LSE Library）から提供を受けている。

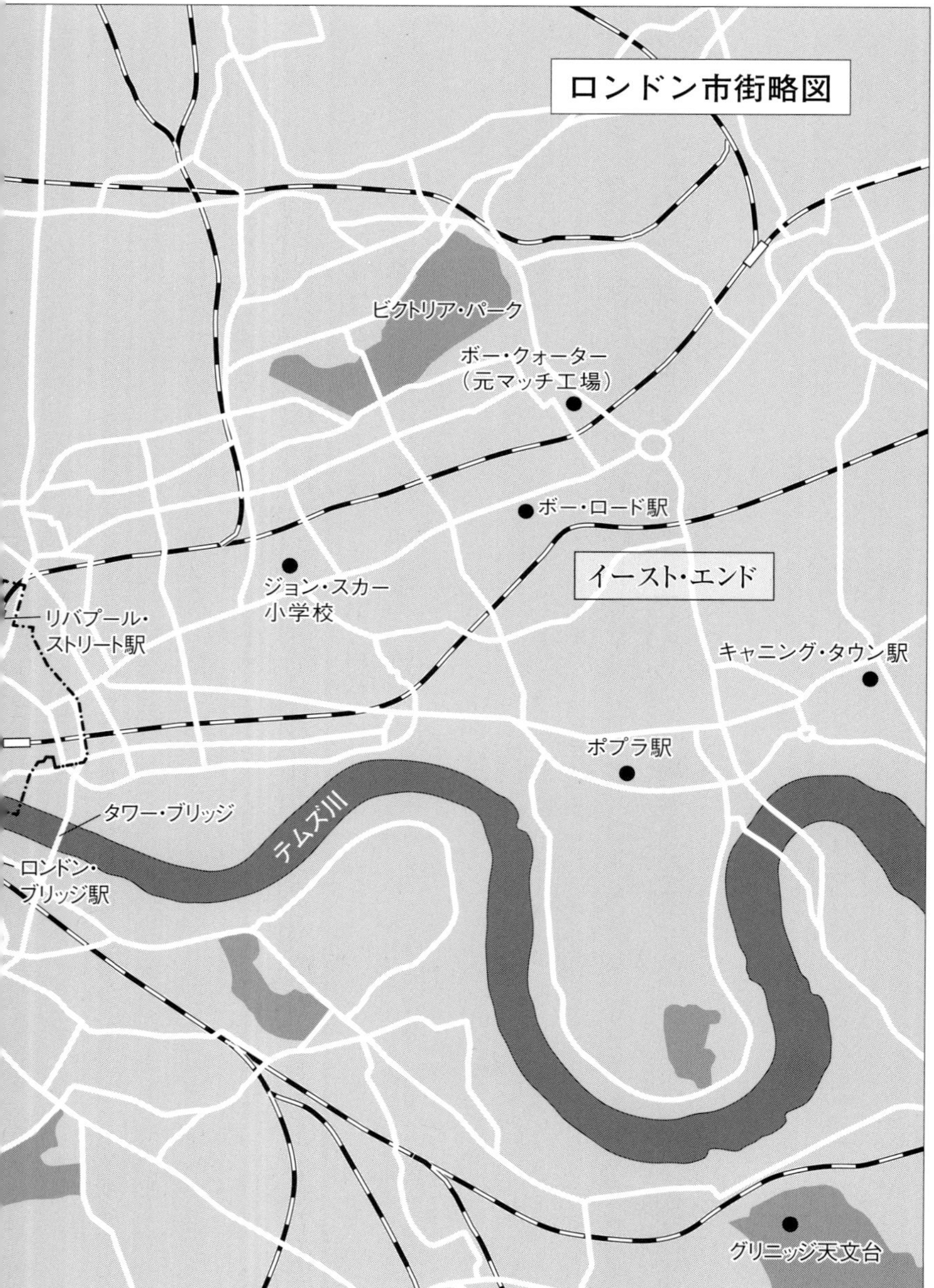
ロンドン市街略図
ビクトリア・パーク
ボー・クォーター
（元マッチ工場）
ボー・ロード駅
イースト・エンド
ジョン・スカー
小学校
リバプール・
ストリート駅
キャニング・タウン駅
ポプラ駅
タワー・ブリッジ
テムズ川
ロンドン・
ブリッジ駅
グリニッジ天文台

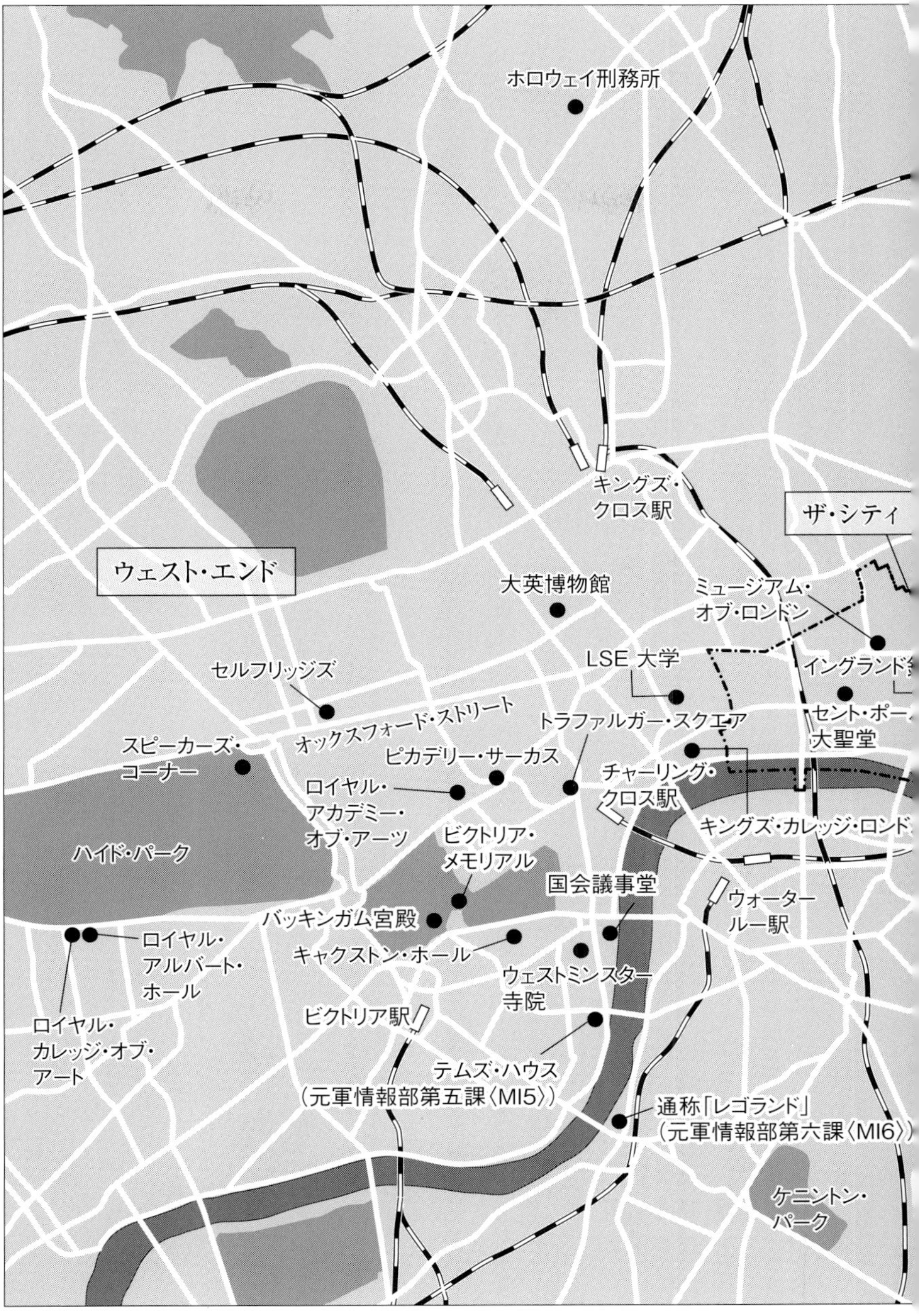
ホロウェイ刑務所
キングズ・クロス駅
ザ・シティ
ウェスト・エンド
大英博物館
ミュージアム・オブ・ロンドン
LSE 大学
イングランド銀
セルフリッジズ
セント・ポール大聖堂
オックスフォード・ストリート
トラファルガー・スクエア
スピーカーズ・コーナー
ピカデリー・サーカス
チャーリング・クロス駅
ロイヤル・アカデミー・オブ・アーツ
キングズ・カレッジ・ロンド
ハイド・パーク
ビクトリア・メモリアル
国会議事堂
ウォーター ルー駅
バッキンガム宮殿
ロイヤル・アルバート・ホール
キャクストン・ホール
ウェストミンスター寺院
ビクトリア駅
ロイヤル・カレッジ・オブ・アート
テムズ・ハウス
（元軍情報部第五課〈MI5〉）
通称「レゴランド」
（元軍情報部第六課〈MI6〉）
ケニントン・パーク

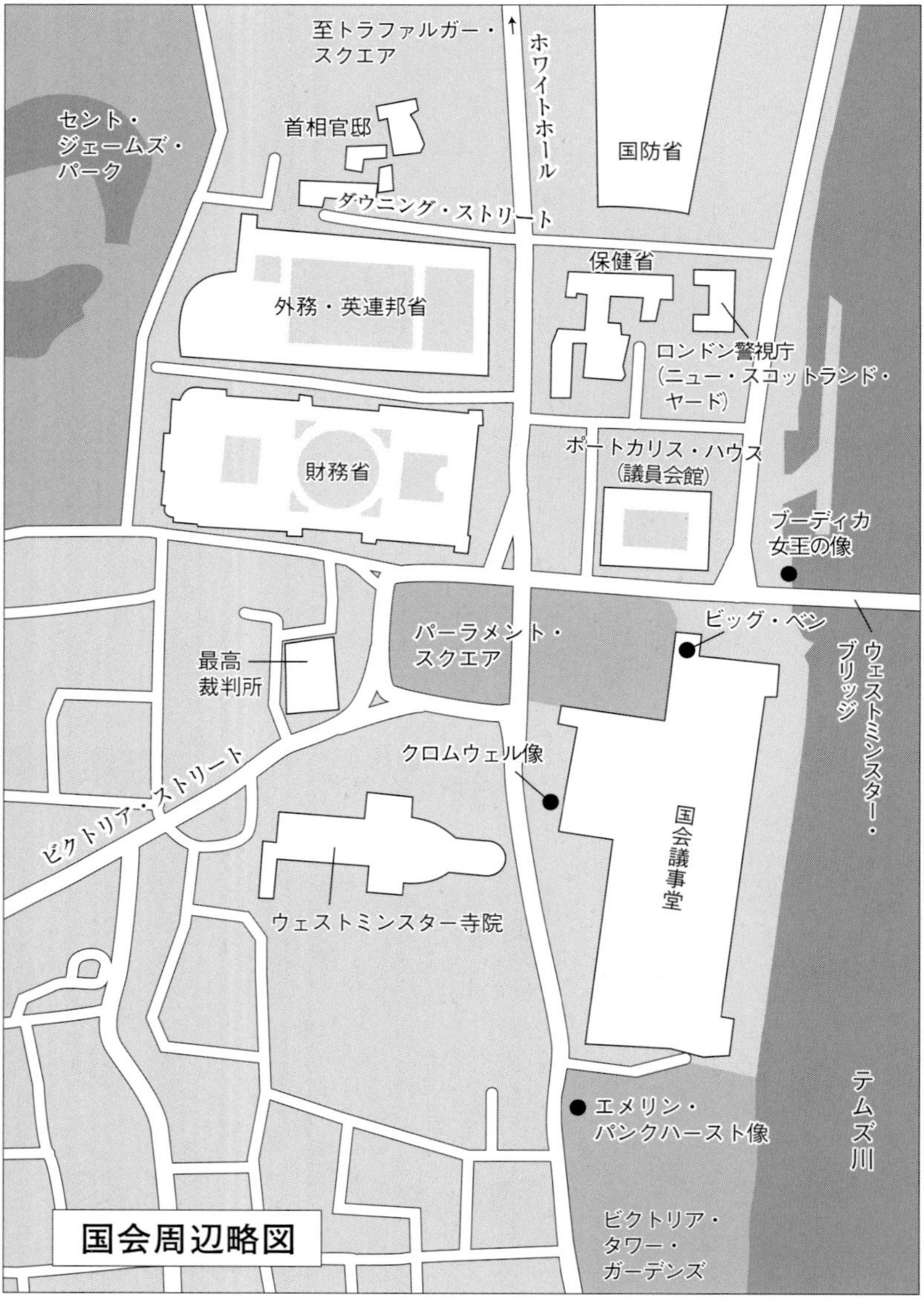
至トラファルガー・スクエア
ホワイトホール
セント・ジェームズ・パーク
首相官邸
国防省
ダウニング・ストリート
保健省
外務・英連邦省
ロンドン警視庁（ニュー・スコットランド・ヤード）
財務省
ポートカリス・ハウス（議員会館）
ブーディカ女王の像
ビッグ・ベン
パーラメント・スクエア
最高裁判所
ウェストミンスター・ブリッジ
クロムウェル像
ビクトリア・ストリート
国会議事堂
ウェストミンスター寺院
エメリン・パンクハースト像
テムズ川
ビクトリア・タワー・ガーデンズ
国会周辺略図

プロローグ

英国女性の活躍と社会変革

英国では、すでに女性首相が二人誕生した。近年の歴代政権で、内務・司法・教育・国際開発・環境・文化大臣や、上院・下院各院内総務に女性が就任するのは、もはや目新しいことではない。女性国会議員（下院）数は、現在二〇八人で、全体の三二パーセントにあたる。最大野党の労働党の場合、女性が四五パーセントを占める（二〇一七年六月八日下院選挙結果）。

スコットランド自治政府首相も女性だ。スコットランドでは最大野党の保守党党首も女性である。ウェールズのプライド・カムリ（ウェールズ党）、北アイルランドのシン・フェイン党と民主統一党の党首のいずれもがやはり女性だ。

英国における女性の活躍は、政界に限られない。二〇一七年には、ロンドン警視庁警視総監に女性が就任した。一八二九年の警視庁創設以来、初の女性警視総監である。国家犯罪対策庁と全国警察委員会の最高位にも女性が就いている。彼女たちに先立ち、ＭＩ５（元・軍情報部第五課。現・セキュリティー・サービス）は、女性長官を二人誕生させている。「ジェームズ・ボンド」の映画で知られるＭＩ

6（元・軍情報部第六課。現・シークレット・インテリジェンス・サービス）の本部内でも、実際に女性が重職に就いている。

二〇一三年には、労働組合のナショナル・センター「労働組合会議」（一八六八年結成・組合員約五六〇万人）に、初の女性書記長が誕生した。また同年、継続する世界最古の地方自治体であるロンドンの「ザ・シティ」の市長に、女性が選出された。八〇〇年の市長の歴史上二人目だ。

このような英国女性の社会進出を目にすると、女性の社会での活躍は現代では当然のように思われるかもしれない。しかしこれは、英国の女性が数世紀前から幾度となく立ち上がって英国の歴史を大きく変えてきた結果だ。女性が主体となって行動し状況を変革した史実は実に豊かであるが、代表的な事例を時系列で三件挙げれば、「奴隷貿易廃止」「非熟練労働者の組織化」「女性参政権獲得」になるであろう。

◆一八〇七年、英国で二世紀半にわたって継続していた奴隷貿易が廃止された。

奴隷貿易には、資産家・事業家・商人に加えて、女王・国王・国会議員・イングランド国教会の聖職者などが出資し、膨大な利潤を得ていた。その蓄積が英国の産業革命を可能にし、資本主義を発達させてきたが、奴隷貿易は人間を売買する人道に反する国家犯罪である。

それを廃止に追いやるキャンペーンで、名もなき多くの主婦・女性が多彩な活動を展開した。二〇〇七年の反対運動で奴隷貿易を廃止できた裏には、多くの女性がいたのである。「参政権を持たない女

ボー・クォーター（元マッチ工場）（筆者撮影）

マッチ女工（Wikipediaより）

性が成功した最大の政治運動」として、歴史に残る。

◆一八八八年、一〇代のアイルランド移民女性が、英国の労働運動史に火を点けた。

ロンドンの貧困層と移民が暮らす街として知られるイースト・エンドのマッチ工場で、一五〇〇人の一〇代の女工が一斉に職場を離れてストライキに入った。彼女たちのストライキは英国における酷悪な労働環境・条件と、徹底した搾取を白日の下に曝すことになった。彼女たちは労働組合を結成し、闘争委員会を設置する。その結果、全国から支援が寄せられ、三週間のストライキで、彼女たちは全面勝利を勝ちとった。

手首を切って鮮血を流して抗議する若い女性の闘争は、非熟練男性労働者を奮い立たせた。ガス事業労働者や港湾労働者の組合結成・ストライキ突入へと飛び火し、英国の労働者が急激に組織化されていった。ついには、「労働代表委員会」が結成され、一九〇六年には、「労働党」が誕生する。

労働党を誕生させる起爆剤となったのが、マッチ工場の一〇代の女工たちであった。

◆一九一八年、女性の人生と命をかけた長年の闘争の果てに、英国の三〇歳以上の女性が条件つきながら女性参政権を獲得した。

女性参政権の獲得には、英国で最初の女性参政権請願書が、一八三二年

（天保三年）八月三日に国会へ提出されてから、八五年半もの歳月がかかっている。一二六五年の「イングランド初の国会」から、六世紀半にわたって女性には国政参政権がなかった歴史が変わった。だが、男女同等の参政権を得るには、さらに一〇年が必要であった。

本書の構成

本書は、英国の女性参政権獲得闘争に関するものである。

最初に女性参政権請願書が提出された三四年後の一八六六年（慶応二年）に、ロンドンで「女性参政権付与委員会」が誕生した。同年六月七日には、女性参政権を求める請願署名一四九九筆を、哲学者であり経済学者であった国会議員のジョン・スチュアート・ミル（John Stuart Mill　一八〇六～七三年）が受けとり、国会へ提出している。

その後英国各地に、地域別や職業別の参政権運動組織に加えて、特定の宗教・思想・信条に基づく多彩な女性参政権獲得グループが誕生していくのであるが、一八九七年（明治三〇年）には、一七組織が集まり、ナショナル・センターである「女性参政権協会全国同盟」（ＮＵＷＳＳ）を結成している。

本書では、これらの参政権獲得をめざした多彩な組織の中でも、一九〇三年に設立され、後年になって「サフラジェット」と呼ばれるようになった戦闘的な女性集団「女性社会政治同盟」（ＷＳＰＵ＝Women's Social and Political Union）に焦点を当てる。

「サフラジェット」に注目したのは、彼女たちの運動には破壊活動が含まれ、その運動の特異性が歴史に残るからではない。「言葉ではなく行動を」（Deeds not Words）をモットーとしたＷＳＰＵの運動が、それまで何十年間も継続しながら国会開会前の議員への陳情・請願の域を超えなかった当時の女性参政権運動を活性化させ、参政権獲得に大きく貢献したからである。

第Ⅰ部では、ＷＳＰＵ誕生から活動中止までの歴史をたどる。

エメリン・パンクハースト（Emmeline Pankhurst　一八五八〜一九二八年）が、長女クリスタベル（Christabel　一八八〇〜一九五八年）と、二女シルビア（Sylvia　一八八二〜一九六〇年）を中心にして、知人数人を加えてイングランド北西部の工業都市マンチェスターの自宅でＷＳＰＵを設立してから、第一次世界大戦に英国が参戦した結果、参政権運動を実質上中止した一九一四年夏までの活動を詳述する。

英国の学校で女性参政権運動を教える場合、かならず穏健派のＮＵＷＳＳと戦闘的なＷＳＰＵが対比され、破壊活動がＷＳＰＵの特色とされる。同時に、ＷＳＰＵは、英国が第一次世界大戦に参戦すると、活動を全面的に中止して、戦争支援をきわめて積極的に行った事実にも触れられる。

確かに、ＷＳＰＵは破壊活動を、首相官邸への投石などから、政治家邸宅・教会・駅舎・スポーツ施設などへの放火へと発展させ、ウェストミンスター寺院やイングランド銀行の爆破も試みている。しかし、結成当初から破壊活動を運動の手段としていたのでは決してない。

「サフラジェット」は、大胆に行動したが、結成から五年間は、デモ行進・集会・陳情活動・出版活動などの秩序ある合法的な行動の域を出ていない。破壊が組織化したのは結成八年後である。

これに対して、政府と警察当局は、ＷＳＰＵが破壊活動を始める以前から、平和的・合法的な参政権獲得運動を暴力で弾圧し続けた。

一例は、「ブラック・フライデー」として歴史に残る。WSPUの女性たちが、陳情のため国会議事堂へ入ろうとするのを警官隊が阻止し、逮捕する以前に、国会議事堂前の広場で女性たちを殴る、蹴る、投げ飛ばすなどして、性的暴行を含む様々な形態の暴行を、「五時間近く」も加えたのであった。この日の暴行が原因で三人が命を落としている。

合法的で何ら社会秩序を乱していない活動中に逮捕された女性もきわめて多く、優に一〇〇〇人を超えるWSPUの女性が投獄された。繰り返し繰り返し投獄された「サフラジェット」の多くが、獄中では第二の闘争に入った。ハンガー・ストライキである。

第Ⅱ部は、WSPUの創立時のメンバーの一人でありながら、闘争戦術に関する意見の相違が生じたため、WSPU内で絶対的な権力を持っていた母親エメリンと姉クリスタベルによって、WSPUを追放されたシルビア・パンクハーストの闘争史である。

「サフラジェット」の大多数が、英国の第一次世界大戦参戦と同時に参政権獲得闘争を止め、政府の戦争支援にまわったのとは正反対に、シルビアと彼女の同志は、一貫して反戦の姿勢を明確にし、同時に大戦中も参政権獲得活動を継続した。

彼女たちは週刊機関紙の発行を通して、反戦・参政権を訴えながら、戦争がもたらす悲惨な社会の救済をめざして、労働者階級の老若男女と多彩な活動を展開した。

みずからロンドンのイースト・エンドに住み込み、搾取・貧困・失業・病気と日々闘っている人々と生活をともにした。シルビアは、女性参政権問題と社会・政治・経済問題の相関を浮き彫りにして人々に訴えた。イースト・エンドの人々とともに救済活動や権利闘争を行う過程を通して、人々がみずから闘う力を体得していくことをめざした。彼女は、慈善活動では、社会問題の根本的解決は不可能で、労働者階級の人々がみずから闘う力を身につけていくことが、社会・政治改革で必要不可欠と考えていたのだ。

シルビアの戦時下の救済活動は、「言葉ではなく行動を」のモットーのごとく、具体的で地域に根差していた。危機的な状況におかれていた乳幼児のためのミルク配給・医療センターや、困窮者のための原価レストラン・チェーン店をイースト・エンド各地に開き、女性の雇用促進のためのおもちゃ工場や、働く女性のための託児所、モンテッソーリ幼児教育施設などを設置している。

第一次世界大戦後は、インターナショナリストとしてのシルビアが光彩を放つ。

彼女は、ロシア革命への各国の干渉戦争を批判し、英国がロシアの反革命軍向けに輸出しようとした武器の船積みを、ロンドンの港で阻止させている。コミンテルンにもかかわり、「共産党・第三インターナショナル英国支部」を創立した。ヨーロッパにおけるファシズムの台頭を逸早く察知して、執筆活動と世界の要人への私信で警鐘を鳴らし続け、ムッソリーニがエチオピアを侵略すると、新しい新聞を発刊し、その後二〇年間、ファシズム・帝国主義・植民地主義に反対して闘った。

なぜサフラジェットなのか

今なぜ、「サフラジェット」と呼ばれた英国女性の参政権運動の闘争史なのか。外国の一〇〇年前の参政権運動を日本の読者へ紹介したいと考えたのには、四つの理由がある。

第一に、日本の識者や婦人参政権運動家は、英国を含む海外のフェミニズム・女性参政権運動を学び、影響も受けて、早くからそれらを日本へ紹介している。しかし、日本で「サフラジェット」の全体像を詳しく紹介したものは、今日まできわめて稀である。

「原始、女性は太陽であった」の自伝などで広く知られる平塚らいてうは、WSPUの活動が本格化した一九一一年に創刊された青鞜社の機関誌『青鞜』の編集を担当している。「青鞜」は、一八世紀中葉に英国で生まれた「ブルー・ストッキングズ・ソサエティー」(The Blue Stockings Society)に由来する。伝統的な女性の活動から脱却して新しい女性の活動を求めた、英国のフェミニズムの影響を受けたのであろう。

日本の婦人参政権運動を主導し、女性の解放、女性の権利擁護・拡張に多大な貢献をした市川房枝の晩年の秘書の一人で、現在「市川房枝記念会女性と政治センター」事務局長の久保公子さんのお話によると、市川房枝は、「VOTES FOR WOMEN」と書かれたプラカードを掲げたパンクハースト夫人をモデルにした人形を、寝室に飾っていたそうである。また、婦選獲得同盟の機関誌「婦選」は、シルビア・パンクハースト著『The Suffragette』の抄訳を戦前に連載していたとのことである。加えて、市川房枝は、一九三〇年代初頭には、「英国の総選挙と婦人」をテーマに記事を書くなど、随時、各国の参政権運動を日本へ紹介していた。

いずれもきわめて貴重な紹介活動であったが、先のシルビアの書は、一九〇五年から一〇年までの運動のみを詳述したものである。類書で和訳・出版されたエメリン・パンクハースト著『My Own Story』も存在するが、自伝的著述であって、記述は第一次世界大戦が始まった夏で終わっている。

近年では、映画「未来を花束にして」（原題「Suffragette」）が、WSPUの日本への紹介に大きな役割を果たした。しかし、映画としては感動的で素晴らしいが、ストーリーに描かれているのは、一九一二年から翌年六月に競馬場でのキャンペーンが原因で死亡したWSPUのメンバーの葬儀までである。

このように、WSPUの「全体像の紹介」は、一部の学術論文を除いて稀有であり、シルビアの詳細にわたる紹介に至っては、皆無に近い。

第二に、近年、英国では多様な組織と機関がデジタル・アーカイブを構築して公開するようになった。また政府機関の情報公開も活発で、MI5もシルビアの監視・調査ファイルの一部を公開し、ホロウェイ刑務所も、囚人名を含めて、WSPUなどの活動家収容記録を公開した。

こうした情報公開によって、女性参政権運動などの近代史上の出来事と、それらに関する記録・著作を検証することが容易《たやす》くなった。WSPUの活動を客観的に把握し、WSPUに関する過去の記述の適否を判断し、新事実を発見して、より正確に「サフラジェット」を描くことが可能になったのである。

本書執筆で使用した主要なデジタル・アーカイブには、以下を含む。◆英国議会、◆ナショナル・アーカイブ、◆大英図書館、◆英米の全国・地方新聞、◆中央刑事裁判所、◆LSE（ロンドン・スクール・オブ・エコノミクス）図書館、◆社会史国際研究所（アムステルダム）、◆ロイヤル・アルバート・ホール（The Royal Albert Hall＝RAH）、◆マルクス記念図書館。

参政権運動の「穏健派」ナショナル・センター「女性参政権協会全国同盟」（NUWSS）の代表者ミリセント・フォーセットの演説風景

第三に、英国の女性参政権獲得闘争は、欧米各国の同様の運動に直接的・間接的に影響を与えた。一九一一年前後に、パンクハースト夫人は米国で三回、シルビアは米国・北欧・中欧で三回、盛大な講演を行っている。日本へも英国から直接、あるいは米国経由で影響を与えた。

女性参政権獲得一〇〇周年にあたる二〇一八年を前にして、英国ではこの運動の大きな歴史的意義を再評価する多彩な催しが企画されている。政府も、一〇〇周年をふり返るため、五〇〇万ポンド（約七億円）の予算をつけた。

企画の一つは、NUWSSを主導した、ミリセント・フォーセットのブロンズ像建立である。政府が全額費用を出し、「ブラック・フライデー」が起きた国会前の広場「パーラメント・スクエア」に建てることが決定した。パンクハースト夫人像は、すでに一九三〇年に除幕したが、現在、シルビアのブロンズ像建立募金が有志によって始まっている。募金によって建立の目途が立てば、地方自治体の「ザ・シティ」も、一万ポンド（約一四〇万円）援助する議会決定を行っている。

女性参政権運動の歴史を詳細にふり返り、そこに普遍的な価値を見出すことは、女性の人権問題を考えることを超えて、国民の政治参加・民主主義のあるべき姿を再考する上で、二一世紀の日本においても有益と考える。

第四に、シルビアは、差別、権利の侵害、不正行為、搾取、抑圧などを目にすると、常に犠牲者・弱者の側に立って、いかなる権威・権力をも恐れることなく、人道のために戦闘的に闘った女性である。彼女が恐れなかったのは、政府・要人・警察・軍隊・暴漢のみではなかった。「参政権運動でもっとも多く投獄され拷問された」シルビアは、己の死さえも恐れることなく、繰り返して死線を彷徨《さまよ》いながら、社会的弱者のために闘い続けた。

シルビアは、二一世紀の今日、世界各地の職場・地域・社会で、女性差別を含む多様な差別の撤廃、人権擁護、社会正義の実現、貧困の救済、搾取反対、労働条件の改善、経済的不公正の是正、反戦などのために真摯に闘っている老若男女の心に「私たちのシルビア」として蘇り、多くの人々に闘争の指針と勇気を与えている。

筆者も彼女に支えられた一人である。筆者は、勤務していた英国の大学が、英国最大手の兵器製造会社と国防省と一体となって、NATO（北大西洋条約機構）拡大と、NATO新加盟国への英国の武器輸出促進に加担している事実を発見した。それを告発すれば、リストラの名目で解雇になることは明らかであった。予見通り解雇されたが、武器輸出を中止させた。この在職中最後の孤独な闘争の中で、常に心に抱いていたのがシルビアであった。

日本で何らかの闘いを真摯になさっている方々にとって、WSPUとシルビアの闘争は精神的な支えとなるであろうと確信している。日本へ紹介する大きな理由の一つである。

前史一九世紀の点描

ＷＳＰＵの歴史は、二〇世紀初頭から始まる。しかし、ＷＳＰＵが一九〇三年に設立され、その運動からシルビアの多彩な闘争が生まれた背景には、一九世紀という時代があった。女性参政権運動の歴史的文脈としての一九世紀を鳥瞰図のように眺めると、次の四点が時代の特徴として浮かび上がる。

①広範かつ徹底した女性差別

トーマス・ハーディの小説『キャスターブリッジの市長』（一八八六年）にも描かれているように、妻の首に綱をつけて市場へ連れて行き、牛馬のように市場でオークションにかける悪弊が横行していた。合法的な行為ではなかったが、社会慣習として続いていたのである。黒人奴隷を、船荷・所有物・財産と考えた二世紀半にわたる英国の歴史の延長線上に残ったもので、女性を同じ人間と考えるのではなく、「女」を物同然に扱う意識が消えていなかったのである。

女性は法の下でも男性の下位におかれていた。多くの法律が男性に有利で女性に不利であった。結婚すると、女性が婚前に所有していた財産、結婚後に自分で得た収入や親族などから相続した財産のすべてが、婚姻制度によって夫の財産となった。結婚すれば妻は自分で処分できる財産を失い、生きていくために夫に服従せざるをえない制度であったのだ。

離婚が成立すると、妻は、結婚によって失くした財産に加えて、子どもも失った。親権が父親にあったからである。さらに、妻は一生涯、実子に会う権利さえ剥奪された。

女性が不倫した場合、不倫の事実一つで、夫は離婚することができた。反面、夫が不倫した場合は、妻が離婚を希望しても、不倫の事実だけでは離婚は認められなかった。不倫の事実に加えて、夫が妻を虐待するなどの夫の不法行為の立証が必要であった。

しかも、夫が妻に暴力をふるっても、暴力行使が妻を「矯正」する目的であれば、違法とはならなかった。「矯正」の客観的定義が困難な上、夫婦間の問題に法が介入することは実質上困難であったため、夫の妻に対する暴力行使は多くの場合、違法とされることなく見逃された。

家庭の恒常的な貧困、水道や風呂や戸別トイレのない住居、夫の失業、妻の病気などの問題が重なって、子育てが適切に行われていない場合、夫婦の責任とは考えられず、妻のみが処罰を受けるケースが多く出ていた。親権が妻には認められていないのにもかかわらず、「家屋が汚い、子どもの体が汚れている」などの理由で母親のみが逮捕され、六週間投獄されたケースなどが頻出した。

女性差別は、一般社会に存在するだけではなかった。オックスフォード大学もケンブリッジ大学も、一九世紀後半をすぎると次第に女性の大学入学を認めるようになったが、どんなに良い成績で課程を修了しても、女性は、男性が取得する学位と同等価値の学位を取得することができなかった。両大学は、女性参政権運動の期間中を通してこの差別を継続していた。学位授与についての女性差別を廃止したのは、オックスフォード大学が一九二〇年、ケンブリッジ大学が一九四八年のことであった。

②国家の繁栄と国民の貧困

二世紀半にわたる奴隷貿易で蓄えた膨大な財力を産業革命の推進に投資し、世界に先駆けて産業革命を成功させた英国は、一八二〇年ころまでに飛躍的な経済成長を達成し、ロンドンはヨーロッパ諸都市の中でもっともファッショナブルな都市となり、世界で「繁栄」のシンボルともなった。

産業革命前の一六〇〇年と産業革命が一段落した一八二〇年の推定国内総生産を比較すると、英国は六・〇倍になっている。他国の同期間の経済成長率は、ポルトガル三・七倍、フランス二・三倍、ドイツ二・一倍、オランダ二・一倍、スペイン一・七倍、イタリア一・六倍であった。

英国のこの繁栄の裏には、帝国主義による版図の拡大があった。ビクトリア女王の在位期間中（一八三七年から一九〇一年までの六三年七カ月間）だけで、戦争・武力紛争で海外派兵した回数は三七回に及ぶ。派兵先には、アフガニスタン、クリミア半島、インド、中国、ミャンマー、ニュージーランド、ニカラグア、タンザニア、南アフリカ（いずれも現在の国名・地名）などを含んだ。

しかし、飛躍的な経済成長と大英帝国の繁栄は、すべての国民の繁栄では決してなかった。チャールズ・ディケンズの小説『オリバー・ツイスト』（単行本は一八三八年）や『クリスマス・キャロル』（一八四三年）に描かれている貧困と劣悪な生活・社会環境は、小説世界の空想では決してなく、社会の最下層の人々の現実を反映していた。

産業革命がもたらした過酷な労働者階級の生活状態は、フリードリヒ・エンゲルスが科学的に調査して、『イギリスにおける労働者階級の状態』（The Condition of the Working Class in England　一八四五年）で詳述している。その書に、マンチェスターの一地域（Chorlton-on-Medlock）の「街路」と「家屋の質」をそれぞれ三段階に分けて、富裕層と貧困階級の年間死亡率を比較した医師の調査結果を載せている。

もっとも居住環境の良い通りに立派な家屋を構えている資本家階級の死亡率は、五一人に一人であった。反面、もっとも環境の悪い通りの家屋の質が最下位に分類される粗末な家に住んでいる労働者階級の人々の死亡率は、二五人に一人に達していた。

一九世紀の繁栄と貧困を対照的に示す出来事が、一八五一年にロンドンで起きている。

その年、ハイド・パークにガラス張りの「クリスタル・パレス」（水晶宮）を建て、産業革命の歴史的成果と、大英帝国の経済的・物質的繁栄とを、英国民と世界に向けて展示する、世界初の国際博覧会が開かれた。当時ロンドンに住んでいたカール・マルクスは、クリスタル・パレスを「資本家階級の神殿」「資本家の物質への盲目的崇拝の典型」と酷評したが、『ジェーン・エア』（一八四七年）の作者シャーロット・ブロンテは、「人類の勤勉が生み出したものは何でもここにある」「地球の隅々からのこれらの豊かな産物は、魔法のみが収集できたかのようだ」と、驚嘆し称賛している。

しかし、クリスタル・パレスは、ビクトリア時代の輝く側面を誇示したものであって、すべての人々の生活を反映した博覧会では決してなかった。ロンドンやイングランドの工業地帯で貧困・病気・失業と闘っている多くの労働者には縁のない世界であった。

博覧会の年に、『ロンドンの労働とロンドンの貧民』(London Labour & The London Poor) が出版された。ヘンリー・メイヒューが、丹念にロンドン庶民の日常生活を調査し、貧困者へのインタビューを含め新聞に連載していた記事を三巻に編纂したものである（一〇年後にもう一巻追加）。

貧民の一人は、一四歳の少年である。彼は父を亡くし、病気で働けない母親を支えている。

少年は、膝まで擦り切れたズボンを履いているが、靴は履いていない。素足はしもやけだらけである。少年は、真冬にテムズ川の干潮時に腰まで泥の中につかって、石炭・鉄くず・銅の釘・ロープ・骨などを拾って売り、わずかな収入を得ていた。骨は当時、衣服のボタンや「にかわ」を作るのに使われ、拾って売れば小銭にはなったのである。この少年の稼ぎが一家の生活費であった。

③言論・表現の自由の保障

英国の中世にフリーマン（自由市民）の身分にあった人々や、自治都市の一定の権利・自由は、一二一五年、王権を濫用するジョン国王に対して、二五人のバロン（封建領主）が廃位を迫り王権を制約した際に、「マグナ・カルタ」（大憲章）の中で認めさせている。また、名誉革命の翌年の一六八九年には、「権利章典」が、国民の請願権や議会での言論の自由を確認している。

しかし、身分・思想・信条にかかわりなく一般市民の言論・表現の自由が、政府によって認められるようになっていくのは、一九世紀の中葉からである。それを示す具体例が二つある。

一八四七年に、マルクスやエンゲルスを含むヨーロッパの共産主義者が、ロンドンのパブ「ザ・レッド・ライオン」に集まって、共産主義者同盟の綱領を出す決定を行った事実や、それが翌年に「共産党宣言」としてドイツ語で書かれ、ロンドンのリバプール・ストリート駅近くの小さな印刷所で一〇〇〇部印刷された事実が、「ロンドンの自由」を示唆している。

「共産党宣言」を発行した翌月、マルクスはベルギーから追放されてヨーロッパを転々としたが、一八四九年にはフランス政府からも追放されてロンドンへ逃げてくる。マルクスが両国から追放されたのは、プロイセン王国が両国に彼を国外追放するよう圧力をかけたからだ。同様の圧力が英国政府にもかけられた。しかし、その外圧に屈することなくマルクスを国外追放しない決定を下したのは、ときの首相ジョン・ラッセル（John Russell　一七九二〜一八七八年）だった。決定の理由は、「表現の自由の保障」だったという。結果、表現の自由の保障される地で、マルクスは「資本論」を書き、一時的亡命ではなく一八八三年に死亡するまでロンドンで生活を続けている。

言論・表現の自由の象徴のもう一つに、ハイド・パークの北東角にある「スピーカーズ・コーナー」がある。この象徴が生まれたのは、一八七二年以降である。その年以前は、公園内で市民が集会を行う場合、政府が許可を与えていたが、その許可を与える権限を政府から公園管理当局に移譲する法律が同年に成立したからである。この立法によって、政府の干渉を避けて市民が集会を行い、演説する権利が拡大されていった。

「スピーカーズ・コーナー」では、女王・国王批判と政府転覆の主張以外は何でも自由に発言できるとの誤解がある。しかし、何かの禁止事項や例外規定が明記されているわけではないが、この公園内の一画は、「何でも言いたい放題」が特別に許される場所でもなかった。このコーナーでの発言で「名誉棄損」で訴えられた者や逮捕された者もいる。

とはいえ、政府から公園管理者への権限移譲は、社会・政治改革運動に大きな変化をもたらした。

◆一般市民に加えて、反体制派・労働者・社会主義者などが公園内で集会を開き、演説を行うのを政府が監視して抑圧することが、以前と比較して、困難になった。

◆集会と演説は、労働者階級に訴える有効な手段であった。当時は識字率が低かった。演説であれば、パンフレットや新聞を読めない人々にも訴えることが可能だった。

◆出版と異なり、演説はより多くの人々が手軽に行うことができた。また、書物や新聞などを購買する金銭的余裕のない大衆も、新しい思想や社会運動に関する知識を得る機会がより多くなった。

◆新聞・パンフレット・書籍と異なり、集会の場では論争が展開された。それによって、一般大衆の間でも社会運動や政治に関する論議が深まっていった。

④改革を求めて立ち上がる労働者と女性

一九世紀は、「改革の世紀」であった。社会改革家・政治家として改革の先頭に立っていた著名な一人は、「貧しい人々の伯爵」「改革卿」と呼ばれた「第七代シャフツベリ伯爵」であった。伯爵は、路頭に迷う貧困者、教育を受けていなかった極貧児童、長時間危険な作業をさせられていた一〇歳未満の少年少女、人権を無視され鎖でつながれていた精神病患者などを救済するために、議会活動を通して社会改革に多大な貢献をした。伯爵の偉業を顕彰して、ロンドンの繁華街ピカデリー・サーカスには、「アンテロス像」（俗称・「エロス像」）が建っている。

しかし、改革を試みる限られた数の政治家・知識人・篤志家などの個人や、教会や小さな組織に加えて、労働者・女性が立ち上がって集団で行動し、変革・改革を求めだしたのが、一九世紀の特徴であった。労働者や女性が立ち上がり始めた契機は多彩だが、次の三例は今日も歴史に残る。

◆「ピータールーの虐殺」事件

英国の議会は、地主や農業資本家が多数を占めていたが、穀物の輸入を規制する穀物法（Corn Law）

を一八一五年に成立させた。この立法によって小麦やパンの価格が高騰し、都市市民・労働者は主食の確保さえ困難になった。穀物価格の高騰は、産業革命によって工場労働者となり、作物を作る土地を持たない大都市の労働者を直撃した。

悪法を廃止しようとしても、当時は、国民の約九七パーセントに投票権がなかった。加えて、選挙区が古い時代のままで、急激に労働者人口が増加した都市には適応しなかった。このためマンチェスター、リーズ、バーミンガムの大工業都市でさえ、地元選出国会議員は皆無であった。

このような状況下で、一八一九年八月一六日に、マンチェスター中心部の広場に、穀物法廃止、選挙法改正、貧困救済を求めて六万から八万人の労働者を中心とする人々が集まった。当日は、夫婦が子どもを連れて参加する姿が多く、野外集会では演説のみが計画されているきわめて平和的な集会であった。しかし、この集会は、警察と軍隊の手によって残虐に弾圧され、女性と子どもを含む一八人（資料によっては、一五人から二〇人）が殺害され、七〇〇人前後の老若男女が重傷を負った。

「ピータールーの虐殺」（Peterloo Massacre）は、英国の労働者を全国的に立ち上がらせる歴史的契機となった。事件から二年と経たないうちに、リベラル左派の高級紙「マンチェスター・ガーディアン」（現・ガーディアン紙＝The Guardian）が創刊される。選挙権と民主主義を求める運動が高揚し、チャーティスト運動が生まれ、各地での労働組合の結成へと発展した。

◆チャーティスト運動

「ピータールーの虐殺」は歴史の大きな転換点となり、以後、選挙制度改正を求める労働者階級を中心とする声が全国的に高まり、一八三二年六月七日には選挙法が改正された。しかし、中産階級の一部男性が投票権を新たに得たのみの改革で、成人男性の七人に六人が投票できなかった。

この改革に不満を抱いたのは労働者階級の男性ばかりではなかった。同じ夏の八月三日に女性が、「私は税金を支払っている。投票権がないのは理にかなわない」旨を訴え、英国史上初めて女性参政権請願書を国会へ提出している。英国議会議事録（HC Deb 03 August 1832 vol 14 c1086）によれば、提出者は一名で、ヨーク州（当時）に住む「メアリー・スミス」（Mary Smith）であった。

一八三八年には、労働者が主体となって、普通選挙権獲得を主な目的として、「人民顕彰」（The People's Charter）を出した。この憲章（チャーター）に基づいて選挙制度改革などを求めた人々の運動が「チャーティスト運動」と呼ばれる。憲章では、「二一歳以上の男性の投票権」「人口に基づく平等な選挙区の設置」「議員になるのに必要とされた財産資格の廃止」など、六項目を要求した。

チャーティストは、当局による弾圧で死者や重傷者を多く出したが、全国各地で活動を展開し、一八四八年四月一〇日には、国会の対岸にあるケニントン・コモン（共有地）で推定五万人が集会を開き、大行進をして五七〇万筆（主導者発表）の参政権署名を議会へ届けようとした。しかし、政府はデモ行進を禁止した。そして、兵士・警官・臨時雇用の特別治安官の合計約一〇万人を各所に配備した上、テムズ川に架かる多くの橋を封鎖して、首都の防衛にあたった。

署名のみを代表者数人が届けるだけに終わったこの集会後、チャーティスト運動は衰退した。そしてその後、選挙法は、一八六七年と一八八四年に改正されたが、改善程度にとどまり、労働者の大多数に選挙権が与えられることはなかった。二一歳以上の男性に財産の有無に関係なく参政権が与えられたのは、一定の条件つきで三〇歳以上の女性に参政権が与えられた一九一八年二月六日である。チャーティスト運動の成果は、選挙権獲得の点では限定的であったが、労働者が立ち上がって団結し、政府と対峙して社会・政治改革を行う英国のその後の改革運動の先駆けとなったことである。また、大集会に先立つ二月には「共産党宣言」が出されている事実からも推察できるように、チャーティスト運動は、英国・ヨーロッパにおける社会主義思想の発展をも背景としていた。マルクスは、チャーティスト運動を「労働者による最初の本格的な組織運動」と評価している。

◆一八八九年・ロンドン港湾大ストライキ

前述のように、マッチ女工のストライキを契機として、港湾労働者が組合を結成し、労働運動が発展したのだが、マッチ女工が勝利した翌年の一八八九年のロンドン港を閉鎖した大ストライキは、労働者と女性が立ち上がって勝利した、一九世紀の典型的な出来事となった。同時に、大ストライキの勝利は、その後の多様な改革を求めて闘う人々に、闘争の指針を与えることになった。

ストライキは、失業や搾取によって貧困のどん底におかれていた日雇い港湾労働者が、低賃金の時間給労働をたがいに奪い合っている中で、時間給の支払い方法をめぐる雇用主と労働者の口論をきっかけとして始まった。一カ月間のストライキ闘争は、最低賃金の改善（一時間五ペンスを六ペンスに）などを勝ちとって、ロンドンのカトリック教会の調停により終息した。勝因には以下が含まれる。

●労働組合指導者が、六〇〇〇人規模の非熟練労働者のストライキから始まった闘争に、熟練労働者・海員組合・消防関係者などを含む一三万人を「労働者」の一語で団結させるのに成功した。

●女性社会主義者で経済学者だったビアトリス・ウェッブの港湾労働者の貧困調査研究や、カール・マルクスの末娘エレナーのロンドンでの多彩な活動などが背景にあり、知識人・文化人・中流階級もストライキに理解・同情を示し、ストライキに財政的支援を寄せた。エレナーは、ストライキ闘争委員会にも加わって闘争を成功裏に導き、広範な女性の支援を獲得した。
●闘争は、終始きわめて平和的な手段で行われ、港湾地区とロンドン市内でのデモ行進が中心だった。ハイド・パークまで行進し、一〇万人規模の大集会も行っているがトラブルは発生していない。
●ストライキには、オーストラリアの港湾労働者から膨大な支援金が送られ、ストライキ継続が可能になった。
ロンドン港を閉鎖した大ストライキは、男女や広範な労働者、組合と地域社会が状況を変革するために立ち上がり、国境を越えて闘う時代の黎明を告げるものとなった。

このような一九世紀の歴史を背景にして、二〇世紀初頭にＷＳＰＵが生まれ、シルビアの闘争へと発展した。そのため、彼女たちの闘争にはおのずと、一九世紀の闘争の興隆と衰退、運動の陰影が投影されている。

※本書では、「戦闘的」という表現を用いるが、これはパンクハースト夫人たちが「ミリタント」(militant) や「ミリタンシー」(militancy) をよく用いたからである。しかし、この表現は、武力闘争や人身を傷つけるような暴力行使の意味合いで用いているものでは決してない。何者も、いかなる権威・権力も、違法で残虐な警官隊の暴行も、投獄も拷問も、さらには己の死さえ恐れることなく勇敢に闘った女性たちであると、彼女たちの行動を形容するものである。

I

サフラジェット

「サフラジェット」という造語

英語の「サフラジェット」(suffragette)は、ジャーナリストが造った蔑称だった。一九〇六年一月一〇日に英国の全国大衆紙「デイリー・メール」(The Daily Mail)の記者が、戦闘的な女性参政権獲得運動を行う女性たちを指して、最初に用いたものである。

「サフラジェット」が新語として造られる以前には、女性参政権論者を指す英語として「サフラジスト」(suffragist)があった。「サフラジスト」は、すでに七〇年以上女性参政権獲得運動を続けていたが、運動は請願・署名・集会・投稿・出版などの穏健・平和的なものであった。また、「サフラジスト」には、女性のみでなく男性も含まれていた。

「サフラジェット」は、「サフラジスト」の語尾を変えてつくられた。語尾を「ette」にしたのである。フランス語の英語への影響で、語尾が「ette」になると名詞が女性化する。また、小型化もする。さらには、「劣っている」「取るに足りない」「まがい物」などの意味が含まれる場合がある。

例えば、男性名のアントワンヌ(Antoine)は、女性化するとアントワネット(Antoinette)になる。小型化の例は、葉巻のシガー(cigar)と紙巻きタバコのシガレット(cigarette)だ。まがい物の例には、革のレザー(leather)と模造革のレザーレット(leatherette)がある。

「サフラジェット」は、この接尾辞「ette」を用いて、戦闘的な活動を行っている「女性」を見下し「小さな女たちが……」と、あざ笑う意図で使われだしたものだ。

「サフラジェット」はもともと、特定の女性参政権運動組織を指しているものではなかった。しかし、戦闘的な活動を行い、逮捕され投獄される者の圧倒的多数は、一九〇三年にマンチェスターでパンクハースト家族が設立したＷＳＰＵのメンバーであった。このため「サフラジェット」は、ＷＳＰＵのメンバーの代名詞となった。

もっとも、「サフラジェット」が使われだした一九〇六年の時点では、放火や爆破キャンペーンは行われていない。

「サフラジェット」がＷＳＰＵのメンバーの代名詞のようになっても、ＷＳＰＵのメンバーのすべてが破壊活動を肯定していたのでは決してなかった。例えば、シルビア・パンクハーストの場合、窓ガラスを二枚ほど壊したことがあったが、それ以上の破壊は行っておらず、ＷＳＰＵの闘争戦術の一つであった破壊活動には基本的に反対であった。また、破壊活動がエスカレートするにしたがって、ＷＳＰＵから離れる者や別組織を新設する女性が出ている。

しかし、「サフラジェット」であり続けることが、エメリン・パンクハーストとクリスタベルの不動の方針であり、闘争が激化する中で、放火・爆破活動はクリスタベルの発案で生まれた。

ＷＳＰＵの主導者・幹部は、戦闘的な闘争姿勢を正当なものと確信していた。政府の姿勢に応じて、破壊行為を激化・鎮静化・一時中止するのが適切な戦術だと判断していた。この戦闘性を象徴しているのが機関紙の名称変更であった。家屋放火をも戦術に加えた一九一二年には、幹部の間でも破壊活動に批判が出て組織が分裂し、ＷＳＰＵは新機関紙を一〇月に発刊することになったが、紙名を「VOTES FOR WOMEN」から「サフラジェット」(The Suffragette) にしている。

マンチェスターで誕生

ＷＳＰＵは、一九〇三年（明治三六年）一〇月一〇日に、マンチェスターのネルソン・ストリート（Nelson Street）六二番地にあった、パンクハースト夫人の自宅で設立された。

エメリン・パンクハースト

リチャード・パンクハースト

同家は現在「パンクハースト・センター」（The Pankhurst Centre）として、小さな資料館となっている。位置は、マンチェスターの主要鉄道駅であるピカデリー駅の南南東約一・五キロメートルだ。

パンクハースト夫人は、夫（リチャード・パンクハースト博士。一八三五～九八年）とともに、女性参政権獲得や女性の地位向上、貧困救済などの運動を行っていたが、夫は、ＷＳＰＵ創立の五年前に亡くなっていた。

設立に加わったのは、パンクハースト夫人の自伝的著書『私自身の物語』(My Own Story, London, Eveleigh Nash, 1914) によれば、「a number of women」と複数の女性になっているが、何名で誰であったのかは不明である。しかし、自宅の居間での設立であったから、大多数では決してなかっただろう。

設立時からの中心人物は、パンクハースト夫人と長女のクリスタベル、それに二女のシルビアであった。

WSPUのメンバーは女性に限定していた。

メンバーを女性に限定した最大の理由は、政界で活躍している男性がWSPUに加わると、所属政党に有利になるようにWSPUを利用する危険性があったからである。政党に組織が利用されるのを避けたのだ。

クリスタベル

シルビア

しかし、政治や闘争において男性を拒否していたわけではない。当時は、女性の国会議員はいなかったから、男性との協力をすべて拒否していては物事が進展しなかった。特に、キア・ハーディ（Keir Hardie 一八五六〜一九一五年。労働党創立者の一人。「ケア・ハーディ」の表記もあり）とは、家族の友人として、政治闘争の同志として緊密な関係を築いていた。

設立時に、パンクハースト夫人は四五歳であった。五人の子持ちで、三女アデラのほかに、長男と次男がいた。アデラも後年母親や姉妹とともに運動に加わっている。

クリスタベルは、二三歳だった。すでにマンチェスターの他組織で女性参政権運動を行っていて、マンチェスター大学で法学を学んでいた。彼女は、優秀な成績で卒業し法学士になったが、当時の法律では女性はどのような資格をとっても、法曹界に入ることはできなかった。

シルビアは、マンチェスター女子高校を卒業後、「マンチェスター・スクール・オブ・アート」で学んでいた。一九〇一年には最優秀生徒になり、イタリア留学のスカラシップを得た。ベニス（ベネツィア）でモザイク画を、フローレンス（フィレンツェ）でフレスコ画を学び、ＷＳＰＵが設立されることになる年の三月にマンチェスターに帰っていた。

パンクハースト家の母子が核となってＷＳＰＵ結成を決意した背景には、マンチェスターで起こった一つの出来事があった。

一九〇三年、独立労働党がマンチェスターで、パンクハースト博士の偉業を記念する「パンクハースト・ホール」を建設中であった。博士は、独立労働党結成の際に重要な役割を果たしていた。集会場として使われるホールの内装を依頼されたのが美術学生のシルビアであった。シルビアにとっても家族にとっても名誉なホール建設であった。

しかし、内装が終わり、開館記念イベントが行われる近くになって意外な事実が判明した。「パンクハースト・ホール」への女性の出入りを禁止する決定を、独立労働党が行ったのである。

この禁止は、根深い女性蔑視・女性差別が、社会主義政党の独立労働党の内部にさえ存在する証であった。

パンクハースト博士は、ロンドン大学で法学博士号を取得の後、法廷弁護士（barrister）になっていた。しかし、弁護士の仕事のみでなく法律の専門家として、女性参政権獲得・女性の地位向上・社会改革運動にも取り組んでいた。全国的に活躍し、社会・政治改革の仲間には、キア・ハーディやマッチ女工を助けたアニー・ベザント（社会運動家。一八四七～一九三三年）、劇作家のジョージ・バーナード・ショー（代表作に「マイ・フェア・レディ」の原作「ピグマリオン」。一八五六～一九五〇年）などがいた。

パンクハースト博士の偉業の一つが、一八八二年に成立した「既婚女性財産法」の法案起草であった。

この法律の成立によって、妻は夫の付属物や所有物ではなく、独立した法人格を持つ存在であることが確認された。この立法によって「プロローグ」で点描した女性の不利益――結婚によって妻が財産所有権を喪失・離婚後の親権は父親のみが保有など――が、根本的に改善されたのであった。

差別され不平等な状況におかれている女性の地位向上にもっとも貢献していたのが、パンクハースト博士であった。その記念ホールへの女性の出入りが禁止されたのだ。パンクハースト家族が、女性差別と徹底的に闘う決意をしたのは、想像に難くない。

「言葉ではなく行動を」

WSPUのモットーは、設立当時から、「Deeds not Words」（言葉ではなく行動を）であった。

このモットーは、二つの事柄を物語っていると考えられる。

一義的には、WSPUのアイデンティティーの表明であり、決意であっただろう。

「サフラジストは、演説・集会・出版・署名・陳情などの言葉によって女性参政権を論じ、社会と政界の関心を喚起する活動を何十年間も行ってきた。しかし、言葉のみによる運動は何ら具体的進展をもたらさなかった。WSPUは、言葉による世論喚起・政治家説得活動に加えて、参政権獲得のために必要なすべての行動を起こす」との決意が見られる。

WSPUは、「サフラジスト」と「サフラジェット」の違いを問われて、「サフラジストは、女性参政権を欲しがる人々で、サフラジェットは、女性参政権を獲得する人々だ」と答えている。

もう一つ、モットーは、政治家にも向けられていたと考えられる。

一八三二年に、女性参政権を求める請願書が国会の下院に最初に提出されて以来、各地の参政権組織が国会議員にアプローチし、一八六七年に国会議員のジョン・スチュアート・ミルが議員立法を試みて以降も、立法を求める陳情団がさらに増えて、ロビー活動も活発化していた。

この歴史の流れの中で、かなり多くの国会議員が女性参政権論者や運動家に同情し、理解を示してもいた。もしも仮に、女性参政権を認める法案が審議され投票になったら、立法も不可能ではないと思われるほど、多くの国会議員が女性参政権を支持する姿勢を陳情団に示していた。

しかし、国会議員の言葉による同情・理解や約束は、かならずしも国会議員の立法活動に移されるものではなかった。言葉だけにとどまり、行動が伴わなかったのだ。

毎年、国会が開かれる前になると、女性の陳情団が友好的な国会議員を議事堂に訪ねて、女性参政権を請願していたものの、こうした陳情が国会議員に行動を起こさせることはきわめて稀であった。例年、言葉による陳情に対して、言葉による同情と理解が返されるという「恒例の儀式」に終始していた。

当時も国会議員には、法案を提出する権利があり、陳情を受けて女性参政権を認める法案を提出した議員も少数ながらいた。

しかし、法案を提出しても、国会議員から提出されたすべての法案が、国会で審議される制度は存在しない。政府提出法案が優先されて、議員から提出された女性参政権法案は、内閣が次期国会の会期中に審議する法案を選定する段階で没になることが常であった。

このような議会制度のために、国会議員が言葉で理解を示すだけでは、女性参政権は実現しなかった。この背景を考えると、モットーの「言葉ではなく行動を」は、国会議員にも向けられていたと考えられるであろう。「もうお言葉は十分です。法案を通すために必要な行動を起こしてください」と、「サフラジェット」は叫んでいたのだ。

パープル・ホワイト・グリーン

WSPUのシンボル・カラーは、パープル（紫）・ホワイト（白）・グリーン（緑）の三色だった。一九〇八年の初夏からこの三色がキャンペーンで広く用いられ、「サフラジェット」を象徴するようになったが、WSPU結成当初は、レッド（赤）が用いられていた。

三色が象徴・意味するものは、WSPUによれば次のようであった。

◆パープル
人間が自然と求める「Freedom」（自由）と「Dignity」（尊厳）

◆ホワイト
私生活と公の活動の場で求められる「Purity」（清浄・潔白・純粋・純正）
◆グリーン
活動で抱く「Hope」（希望・春）

WSPUは、この三色をきわめて多彩な形で効果的に用いて、社会におけるWSPU活動の定着を図っている。

代表的な使用例は、デモ行進に用いるバナー・旗・タスキや、ポスターなどの印刷物だった。機関紙を運搬する馬車や機関紙販売店の装飾にも用いている。また、この三色をデザインに使った多くのキャンペーン・グッズを生産・販売して教宣活動に用い、同時に闘争資金も稼いでいる。

キャンペーン・グッズには、三色の濃淡を変えてバリエーションに富むスカーフやブラウス、バッグ・ベルト・ポーチなどの女性の衣服と服飾品に加え、書籍・パンフレット・リーフレット・文房具・子どものゲーム用品・控え帳などもあった。

シンボル・カラーは、諸国の三色旗のように、上段がパープル、中央がホワイトで下段がグリーンである。中央の白色部分にキャンペーンのスローガンやメッセージが記入された。

スローガンの代表的なものが、「VOTES FOR WOMEN」であった。「女性の（ための）投票権＝女性に投票権を！」である。これを白色部分に書き入れたタスキをかけ、同様のスローガンを記したバナーを掲げて、数万人単位で「サフラジェット」がデモ行進している。また、タスキは、集会や街角での演説や機関紙販売時にも用いた。

一九〇八年六月二一日（日曜日）にハイド・パークで行われた、ＷＳＰＵの大集会「ウィミンズ・サンデー」の整理券にもこの三色が用いられ、大量に配布された。

切符サイズの整理券のパープル部分には、「VOTES FOR WOMEN」が、ホワイト部分には、デモ行進の出発地点の「ビクトリア・エンバンクメント」と集会場所の「ハイド・パーク」が、グリーン部分には、「集合時間と大会開始時間」が、それぞれ黒字で印刷されている。

加えて整理券には、デモの月日と整理券の通し番号が記載されている。ミュージアム・オブ・ロンドン所蔵の整理券の通し番号は、「２７６７４３」である。後述のように、当日のデモには五〇万人前後の女性が加わっている。

パープル・ホワイト・グリーンは、英国社会に定着し、二一世紀になっても、女性の衣服や服飾品のデザインに用いるデザイナーがいる。

また、この三色は今日の政治運動にも時折用いられる。

二〇〇三年二月一五日には、イラク戦争開戦が迫る中で、ロンドンで一〇〇万人を超える人々が、戦争反対を訴えてハイド・パークへ向けて大デモ行進を行った。デモ行進の一つのルートは、「サフラジェット」の一九〇八年大行進のルートの一つと同じだった。数十万人の人間の海の中に、パープル・ホワイト・グリーンの三色旗を掲げた複数の女性グループが目についた。

「VOTES FOR WOMEN」で投獄

WSPUは、その設立以前に何十年も全国各地で続けられてきた、女性参政権組織の演説集会、新聞への投稿と寄稿、政治家・政党への働きかけといった、伝統的な運動を継承していた。それらに加えて、ランカシャー州やヨークシャー州の織物・紡績工場では、労働者を対象とした集会も開いていた。さらには、夏場に労働者が休暇をとる時期に、街から街を訪れる興行業者の移動に合わせて各地を訪れ、多くの人々が集まる機会をとらえて立会演説やビラ配布を行った。

しかし、一九〇五年夏場ころから彼女たちは、このような運動を継続するだけでは埒《らち》が明かないと感じるようになる。

また、議員立法には、前述のような理由で期待できなかった。女性参政権を具体化する闘争の要は、政権党の閣僚に女性参政権を認めさせ、立法を公の場で約束させることだと考えるようになる。政府提案の女性参政権法案を、政権党の閣僚の主導と責任によって、国会を通させる以外に具体策はないと悟ったのである。

この闘争戦術を実行に移す時期が、一九〇五年秋に訪れた。翌年早々の総選挙に向けて、各党の演説集会が各地で活発になりだしたのである。

戦術は、政権に就くと予想される政党の大物政治家の演説会場へ出かけて、集会の場で、「女性に投票権を与えるか?」と問い詰めるものであった。

ＷＳＰＵのメンバーの多くは、独立労働党を支持していたが、同党は結党後日が浅く、独立労働党を核とする労働党が政権に就く可能性は皆無であった。

ＷＳＰＵは、シンボル・カラーのホワイトが象徴しているように、女性参政権の獲得が純粋な目的だった。特定政党を支持するためや特定政党を打倒するためにキャンペーンを行っているのではなかった。女性に参政権を与える政党であれば、保守党でも問題なかったのだが、同党には女性参政権に強固な反対意見があった。

残る可能性は自由党だった。当時は保守党が政権に就いていたが、年明け早々の総選挙では自由党が政権を奪回するとの観測が圧倒的であった。

この戦術を最初に実行に移したのは、クリスタベルと二六歳の女性アニー・ケニー（Annie Kenney）だった。

一〇月一三日（金曜日）に、マンチェスター市内の「フリー・トレード・ホール」で、自由党のエドワード・グレイ卿（Sir Edward Grey　一八六二〜一九三三年）の演説会が行われた。彼は、元外務大臣だ。

グレイは演説をひとまず終えると、聴衆の中の男性数人から質問を受け、壇上で丁寧に答えた。それに続きアニーが立ち上がって「もし自由党が政権に返り咲けば、女性に投票権を与える措置を講じますか？」と質問した。

同時に、アニーの質問の意味がより明確に聴衆に理解できる

アニー・ケニー（Wikipediaより）

よう、クリスタベルも立ち上がり、「VOTES FOR WOMEN」と書いたバナーを高く掲げた。

しかし、グレイはアニーの質問を完全に無視して何も答えようとしなかった。アニーの周りにいた数人の男が腕力でアニーを押さえ込み、係員はアニーが発言できないよう、帽子で顔を覆った。

続いてクリスタベルが同じ質問を浴びせた。だが、グレイが再び無視したため会場が騒然となった。そのため、ステージの上に席を構えていた警察署長が、アニーとクリスタベルの席へ出向き、質問を紙に書くよう指示した。

彼女たちは指示に従って発言と同様の質問を書き、「九万六〇〇〇人の組織された職工の一人として、アニー・ケニーは質問への返答を心から切望する」とつけ加えて署名した。

警察署長は、質問をグレイに見せた。しかし、グレイは黙読したものの軽蔑の笑みを浮かべて何ら答えることなく、手書きの質問書を壇上の自由党員に手渡した。数人の党員が順次質問を目にしたが、いずれも軽蔑や皮肉の笑みを浮かべて、隣の席の党員に手渡すのみであった。男性党員と壇上に座っていた一人の女性が、質問を黙読した後に何か発言しようとしたが、すぐさま隣の男に制止された。

自由党員に完全に無視されたアニーとクリスタベルは、再び立ち上がって質問を繰り返した。そこへ腕を振り上げた暴徒が二人に襲いかかり、会場係員と一緒に腕力で二人を会場外へ連れ出した。

路上に放り出された二人は、彼女たちの周りに集まって来た人々に、演説会場内で何が起きたかを説明し始めた。すると今度は、私服の警官が腕力で二人の身を拘束しようとして、小競り合いになった。

この路上の騒動の中で、二人は逮捕された。嫌疑は、クリスタベルが警官に手を出したり、唾をかけたとのことだったが、クリスタベルは、警官とは知らず、自由党員の暴行と判断して抵抗したと陳述している。私服警官が多く動員されていたのであろう。

アニーには罰金刑か投獄三日間の刑が、クリスタベルには罰金刑か投獄一週間の刑が科せられた。二人は、躊躇《ちゆうちよ》することなく、即座に投獄刑を選んだ。

パンクハースト夫人は罰金を払うと申し出たが、二人は強固に拒否し、刑務所へ向かった。

「詰問戦術」の次の標的は、保守党から自由党へ鞍替えした大物政治家ウィンストン・チャーチル(Winston Churchill　一八七四〜一九六五年)だった。

チャーチルに挑んだのは、シルビアであった。アニーとクリスタベル同様の詰問の末、チャーチルは口を利いた。しかし、彼の答えは、女性に参政権を与えることには、何があっても賛成しない、であった。

チャーチルはシルビアの腕を捕まえてステージに上がらせたが、それは彼女に意見を述べさせるためではなかった。自由党員や係員によって彼女はステージから押しやられ、会場内の一室に監禁された。

ＷＳＰＵのメンバーは、三人に続いて英国中部の各地で、同様の詰問作戦を展開している。詰問が原因で彼女たちは逮捕・投獄されたが、詰問戦術は、女性参政権問題を社会に再び投げかける機会となった。そしてそれが、ＷＳＰＵの飛躍的な組織拡大の出発点となる。

逮捕・投獄報道がWSPUの拡大へ

自由党演説会における、アニーとクリスタベルの逮捕・投獄事件は、地元マンチェスターや英国中部の地方紙に限らず、全国紙が大々的に報道した。

報道の多くは、女性が政治演説会場で「騒いで」「暴れて」警官に逮捕されたという、物珍しさに焦点をあて、「女性とあろうものが」といったトーンであった。

左派系の高級紙「マンチェスター・ガーディアン」は、事件の三日後の一〇月一六日（月曜日）に、「ミス・パンクハーストと警察――暴行と妨害」との見出しで報道した。見出しの副題が示しているように報道の中心は、アニーとクリスタベルが警官に暴力をふるい、公務執行妨害を行ったというものであった。

左派系の高級紙でさえ、なぜ二人が夜に演説会場の外の路上で逮捕されたのか、その背景についての説明がいっさいなかった。

自由党の候補者グレイが、男性の質問には丁寧に答えながら、女性からの質問は完全に無視したという事実に、記事は言及していない。二人が警察署長の指示にしたがって文面で行った質問をも、グレイは公然と無視したという肝心の事実が、記事には欠けていた。

また、会場内で多数の男が腕力で女性の身体を拘束し、会場外へ引き連れ出した事実にも、記事は触れていない。暴行を最初に加えたのは、私服警官・暴徒・自由党員であった。この暴行により、クリスタベルは腕から血を流している。

全国大衆紙「デイリー・メール」も、一九〇六年に入ると、WSPUの戦闘性を強調する報道を強めた。前述のように、「サフラジェット」の造語を、その年の一月一〇日の紙面で使っている。アニーとクリスタベル投獄の三カ月後のことである。

各紙の広範な報道は、WSPUの戦闘的な行動を事件として報道するもので、女性参政権が認められていない状況に疑問を呈するものではなかった。しかし、新聞報道によって、WSPUの存在と闘争の斬新さが一挙に全国に広まった。また、WSPUへの同情・理解と支援が、多くの新聞投稿に表れ始めた。さらには、WSPUへの加入者が増え始めたのである。

マンチェスター事件が起きたころには、新聞は、女性参政権問題にはもはや関心を示さなくなっていた。ところがこの事件で、女性参政権問題が再燃・再浮上したのだ。

ロンドンにWSPU本部設置

一九〇六年（一月一二日〜二月八日）の総選挙の結果は、自由党三九七議席・保守党一五六議席・労働党二九議席などで、予想通り、自由党が地滑り的に圧勝した。

自由党内閣で、アニーとクリスタベルの質問を無視したグレイは外務大臣に就任している。シルビアが質問したチャーチルも、入閣後頭角を現し、その後第二次世界大戦が終わるまでに、商務大臣・内務大臣・軍需大臣や首相を務め、英国の政治史を飾る大物政治家となっていく。なお、チャーチルは、政治家でありながら、後年ノーベル文学賞を受賞している。

組織躍進の兆しが顕著になり、運動を全国展開する時期が訪れた。WSPUは闘争本部をマンチェスターからロンドンに移し、国会議事堂の膝元で中央政界を相手に闘う段階に入ったのだ。

ロンドン本部の設立といっても、WSPUは設立してまだ日の浅い、所詮は一地方都市の組織にすぎなかった。一九〇六年初頭には、組織の資金は皆無に近かった。また、有能なメンバーにも限りがあった。クリスタベルはマンチェスター大学に在学中だったので、アニー・ケニーが、ロンドンのイースト・エンドへ単独で派遣された。

ロンドンでは当時、「ロイヤル・カレッジ・オブ・アート」(王立美術大学)でシルビアが美術を学んでいた。アニーとシルビアは、イースト・エンドで独立労働党の手助けを得て、地元の失業者女性グループを母体として、港湾地区のキャニング・タウン(Canning Town)で、二月二七日に最初のロンドン支部を設けることに成功する。

キャニング・タウン支部は、社会主義者と独立労働党の支えもあり、毎週開かれる集会に四〇人程度の女性が参加していた(「労働党」は一九〇六年の総選挙で党名として使用され一政党になったが、独立労働党も解党することなく協力関係を持ちながら存在していた)。

一九〇六年秋、WSPU全国本部がロンドンに設置された。

本部の住所は、4 Clement's Inn, The Strand, London だ。

「本部」と呼ぶものの、大きな建物の中の一部屋だった。キア・ハーディが一〇〇ポンド寄付し、ロンドンの法律家が所有する建物の一室と秘書を提供してくれたので、可能となったのだ。

本部の位置は、闘争活動を考慮して選ばれている。南南西約一・七キロメートルの位置に国会議事堂がある。徒歩で簡単に国会へ押し寄せることができる距離だ。集会を開くのに便利なトラファルガー・スクエア（広場）は、南西約一・一キロメートルだ。東へ三〇〇メートル歩けば、新聞街のフリート・ストリートに入る。建物の周辺は、大学の「ロンドン・スクール・オブ・エコノミクス」（LSE）や「キングズ・カレッジ・ロンドン」、裁判所に加えて法曹関係の建物などが取り囲んでいる。

ロンドン本部を設置して数年経つと、組織は年々拡大していった。イースト・エンドでは、キャニング・タウン支部に続いて、ボー支部・ポプラ支部などが立ち上がり、五支部に成長した。

ロンドン以外の都市にも支部ができた。一九一一年夏までに、ウェールズのニューポートとスコットランドのエジンバラ、グラスゴー、ダンディーの遠隔地にも支部ができた。イングランド内では、ブライトン、レディング、ブリストル、バーミンガム、レスター、ノッティンガム、リーズ、ヨーク、リバプール、ニューキャッスルに新しく支部が誕生し、本部から支部になったマンチェスター支部も成長した。

これらの大・中都市以外の支部も含めると、支部総数は一二〇を超えた。有給のスタッフも全国で一一〇人になっている。

WSPUの活動家の総人数に関しては定説がない。その背景には以下のような理由がある。

国会議事堂とビッグ・ベン（筆者撮影）

①女性参政権活動に加わっていた女性の中には、特定の一組織の会員として登録することなく、複数の組織の活動に参加していた者がかなり多くいた。「メンバーシップ」の概念が緩やかで、会員登録をしない人々もいた。

②WSPUは、メンバーシップ・カードを発行していたが、家庭や職場に知られることを避けるために登録を行わない女性も多くいた。また、登録しても偽名で身を守ろうとした女性も多かった。

③組織防衛のために、記録書類や通信で、記号や暗号をかなり使って事務を行っていた。警察や情報機関による不当な干渉・弾圧を避ける必要があったからである。

④ロンドン本部をはじめとして、繰り返し警察の家宅捜索を受け、きわめて多くの記録書類が没収され紛失している。

このような背景があって、WSPUの会員数の推定には、二〇〇〇人から五〇〇〇人と大きな幅がある。

最初のロンドン・デモ行進

キャニング・タウン支部を設立するために活動している最中に、一九〇六年二月一九日の英国議会開会式の日に合わせて、WSPUの最初のロンドン・デモ行進と集会が企画された。ロンドンに支部がない状況下で、アニーとシルビアは、デモ行進を行うために日夜奔走した。

デモを案内するチラシを印刷して、イースト・エンドを中心に配布し、歩道のいたるところに、チョークでデモの案内を書きまくった。また、戸口や各種団体を訪れてデモ参加を誘った。

デモ行進の最後には、屋内集会でパンクハースト夫人たちが演説を行う計画だった。会場は、国会議事堂近くの由緒あるキャクストン・ホール（Caxton Hall）で、キア・ハーディの推薦で確保した。アニーとシルビアたちは、集会への参加をロンドン各地で訴えた。

国会開会式の当日、イースト・エンドの女性たちは、都心のセント・ジェームズ・パーク駅からデモ行進を開始した。

シルビアが装飾したバナーと赤旗を掲げ、三〇〇人から四〇〇人の女性が二列になって行進した。デモ隊の参加者の大多数がイースト・エンドの労働者階級の女性だった。彼女たちを先頭にして、その後に中流階級の女性たちが続いた。

イースト・エンドの労働者階級を中心とする女性の、国家権力の中枢地区へ向けての行進であり、「サフラジェット」のロンドン初の行進で、物珍しさがあった。通路へは多くの観衆が押し寄せ騒然となった。

予期に反して、警察はデモ行進を妨害しなかった。「バナーを掲げるな」などの嫌がらせの命令のみで、デモ隊は無事キャクストン・ホールに到着した。彼女たちを聴衆が大歓迎した。

キャクストン・ホールは、パンクハースト夫人やWSPUのメンバーが知らない新顔で満たされていた。彼女たちにとって今までになかった大集会で、明らかに上流階級の女性とわかる女性の姿もあった。後日談によると、身分を隠すために家政婦の衣服で参加していた上流階級の女性もいたという。

キャクストン・ホールで、聴衆の拍手を繰り返し浴びながらアニーが演説を終えると、会場のパンクハースト夫人の元へ、メモ書きで情報を届ける者がいた。国会開会式の「キングズ・スピーチ」(King's Speech)が終了したが、国王のスピーチには、女性参政権を可能にする法改正は、今期の国会審議予定にも含まれなかったという、最新情報であった。

パンクハースト夫人は、緊急動議を出した。即時この会場から国会へ押しかけ、今期の国会に女性参政権法案を提出せよと訴える動議であった。

参加者が一丸となって国会へ向かった。国会へは徒歩で一五分ほどだが、寒い冬の日で雨が降りだしていた。

パンクハースト夫人を先頭に抗議団が到着すると、女性は議事堂内へ入れない規則ができていた。前代未聞であった。

夫人は、名刺にメモ書きして、国会内にいるキア・ハーディや知人の議員・国会関係者に連絡をとった。入場を認めるよう警官を説得する議員もいた。しかし、警察は頑固で譲らなかった。外は土砂降りとなっていたが、一人として抗議を諦めてその場を離れた女性はいなかった。

女性の雨の中での抗議に押されて、政府は妥協案として、一回二〇人に限定して入場を認めることとしたが、二時間以上雨の中で待っていても入れない女性が山ほどいた。とはいえ、労働者階級の女性を含む数百人の女性が国会議事堂へ入って、国会議員に女性参政権を訴えることに初めて成功したのだった。

一九〇六年二月一九日は、英国女性がそれまでに行ったことのない行動に出た日となった。警官の命令に屈することなく、逮捕・投獄を覚悟で抵抗・抗議し、国会議事堂へ入って女性の権利を訴えたのである。女性たちが、明確な一つの目的のために純粋に団結し、自分たちの権利を自分たちの力で獲得する闘いを、首都ロンドンで開始した日であった。

パンクハースト夫人は後日、この日のことを次のように述懐している。

「女性はいつも、男性と子どもたちのために闘ってきた。今しがた、彼女たちは、彼女たち自身の人権のために闘う準備ができたのだ。私たちの戦闘的な闘争態勢が樹立された。」

WSPUは、この年の翌年から毎年、国会が開会されると、キャクストン・ホールで集会を開くようになり、それを「ウィミンズ・パーラメント」（女性の国会）と呼んだ。

首相官邸での面談を要求

ロンドン初のデモ行進を成功裏に終え、キャニング・タウン支部をかまえた一九〇六年二月下旬、シルビアとアニーと数名のロンドンの活動家は、次の闘争目標を設定した。それは、首相に女性参政権を訴える代表団の受け入れを承諾させることだった。

WSPUは、首相ヘンリー・キャンベル＝バナマン卿（Sir Henry Campbell-Bannerman　一八三六～一九〇八年）に手紙を送って面談を要請した。

しかし、時間を割くことができないとの返信が届いた。そこで、「緊急の質問があるため、数名がダウニング・ストリート一〇番地の首相官邸を、一九〇六年三月二日の朝訪れる」との手紙を送り返した。

通告通り首相官邸を訪れると、首相は病気でまだ床に就いているという。首相に代わって秘書官との面会を求めたが、これも断られた。そこで、入り口ドアの前で全員が腰を下ろし、「VOTES FOR WOMEN」のバナーを掲げて座り込みを続けた。

そのころになると、事前に通知していた新聞社の記者が集まり始める。「デイリー・メール」が「サフラジェット」の新語を初めて使ってから、二カ月と経っていなかった。新聞社は今や、どこでもWSPUに関心を示していた。特に、「デイリー・メール」に対抗して二年半前に創刊した左派系大衆紙「デイリー・ミラー」(The Daily Mirror)は、WSPUの斬新な活動を注視していた。

状況を察した官邸の関係者は、入り口の係員を使って、女性たちに帰るよう丁寧に懇願した。しかし、アニーの返事は、「必要ならば一日中ここに留まる」だった。係員とアニーが口論の末、官邸側は二人のみ官邸内に入るのを認めた。そして、秘書官が用件を首相に伝えると約束したのだった。

その夜、彼女たちは会議を開き、首相へ再度送る手紙を起草した。

首相官邸と数回手紙を交わしたものの、首相が明確な態度を表明しないため、WSPUのメンバー数人と他組織の女性約三〇人は、三月九日午前一〇時ころ、再び官邸へ押しかけた。

今回は前回の寛容な態度とは異なり、官邸側の対応は、門前払いであった。それに対抗してドアのノッカーを打ち鳴らした女性と、一瞬官邸内に入り込んだ女性に加えて、官邸前で演説をし始めたアニーの三人が逮捕され、近くの警察署に身柄を拘束された。

しかし、一時間ほど後に、首相は三人を釈放するよう警察に指示した。加えて、首相は、WSPU単独または他組織と合同の代表団を受け入れる決意をして、その旨を三人に伝えた。

首相と女性代表団の直接交渉

ＷＳＰＵが、首相が女性代表団との面談を約束した事実を広報する中で、超党派の国会議員二〇〇人は、首相と女性代表団が面談する日時を早急に設定するよう、署名を首相宛てに送った（当時の下院の議席総数は六七〇）。

署名を受けとった首相は、代表団との面談を五月一九日に行う決定を下し広報した。代表団は、署名を首相に送った二〇〇人の国会議員を代表する議員と、ＷＳＰＵなどの女性参政権団体の代表者から構成された。

ＷＳＰＵは、面談前に世論を喚起するため、トラファルガー・スクエアで大集会を開く準備を進めた。また、下院補欠選挙が行われる選挙区へメンバーを派遣して、自由党と保守党双方の候補者を詰問の末に、当選すれば女性参政権に賛成すると、公約させることに成功している。

四月二五日には、国会の女性傍聴席に多くのメンバーを送り込んだ。当日、キア・ハーディが提出した「女性参政権決議案」が審議されたからだ。決議案の内容は、国会で女性参政権を審議するというものであって、それ以上の法的拘束力を持つものではない。しかし、議決されれば、運動の前進の一つの証として、運動を加速させるものであった。

下院で賛否双方の議員が演説を順次行ったが、自由党議員の中には、女性を露骨に見下す聞くに堪えない発言もあった。思い余って数人の女性が抗議の声を上げると、再度声を上げたら退場を命じると議長が忠告した。

審議時間終了の午後一一時近くになると、自由党の議員は時計を見ながら意味不明な論議を長々と繰り返した。時間切れにして決議案を採決に持ち込まない作戦であることが、目に見えてきた。午後一一時五分前、たまらずWSPUのメンバーの一人が「採決せよ！　採決せよ！　時間切れにするな！」と叫び声を上げてしまう。堰を切ったように多くのメンバーも同様に声を上げた。結局、WSPUメンバーの全員が警官によって退場させられ、決議案は未決で審議切れとなった。

こうして、首相との面談日が訪れる。

WSPUは、他組織を含めて、多彩な人々から成る代表団を構成した。一団は、面談の始まる前に会場となる外務省まで、国会議事堂脇を通ってデモ行進した。

当日の様子は、シルビアの著書（The Suffragette: The History of the Women's Militant Suffrage Movement, 1905-1910）に詳しく描かれている。

出発地点は、ウェストミンスター・ブリッジの袂《たもと》の「ブーディカ女王」像である。道路を挟んでビッグ・ベンの反対側だ。「ブーディカ女王」は、ロンドンとその近郊を侵略統治していたローマ軍団の悪政に抵抗し、西暦六〇年に娘二人と反乱を起こした一王族の女王だ。

デモの先頭に立ったのは、キア・ハーディ、パンクハースト夫人、アニー・ケニー、何十年も活動してきた「サフラジスト」たち、WSPUのメンバーとなったランカシャーやチェシャーの織物工場の女工たちなど、首相と面談する女性参政権代表団だ。女工たちは、所属組織を示す色鮮やかなバナーを掲げていた。

代表団の直後に、大型トラックが一台続いた。トラックには、赤い布地に「我々は今会期中に女性投票権を要求する」と白色で書かれた、大きなバナーが取りつけられた。外務省までの距離は四〇〇メートル程度だが、トラックは、身体的弱者を運ぶために用意されたものだ。「サフラジスト」で高齢になってもはや歩けなくなった女性や、病気で歩くことが困難な女性が乗った。

トラックの後続は、WSPUのメンバー、各地の女性労働者組合、「女性協同組合ギルド」（会員二万二〇〇〇人・四二五支部）などの各種団体のメンバーである。最後には、イースト・エンドからの大きな一団が続いた。

イースト・エンドの一団は、悲しみに満ちていた。搾取されている女性労働者や、失業している労働者の妻たちで、彼女たちの多くが、餓死してしまいそうな赤子を腕に抱いて歩いた。

首相面談には、女性参政権を訴える各種団体（会員総数二六万人）を代表する、約三五〇人の女性が参加した。

八人の女性の発言が認められた。発言者には、パンクハースト夫人、「女性参政権協会全国同盟」代表、「女性協同組合ギルド」代表、エミリー・デイビス（Emily Davies）などが含まれていた。

エミリー・デイビス（七六歳）は、首相とのこの面談の四〇年前に、「女性参政権付与請願署名」（一四九九筆）を、国会議事堂でジョン・スチュアート・ミルに手渡した女性だ。彼女は、英国初の女性の高等教育機関「ガートン・カレッジ」（ケンブリッジ大学のカレッジの一つ）を創立した女性二名のうちの一人でもあった。

首相は、女性たちの発言の後に、彼女たちのおかれている状況と運動に同情と理解を示し、女性参政権付与に賛成し、運動を応援する考えを表明した。

しかし、首相個人としては女性参政権に賛成であっても、内閣の中に反対意見がある事実もまた公に認めた。そして、より多くの政治家が賛成するよう、運動を忍耐強く継続することだと、「忍耐の徳」(the virtue of patience) を説いた。

会場は一瞬、ささやきや不平・不満の小さな声で満たされたが、正直に事実を語った病気がちの六九歳の首相に対して、ある種の同情の雰囲気も漂った。

そこに、アニー・ケニーが立ち上がった。彼女は当日、木靴を履きショールを羽織っていた。典型的な女工の服装だ。女工の尊厳を訴えたかったのであろう。彼女は、一〇歳から午前中は織物工場で働き、午後のみ学校へ行った典型的な労働者階級出身者だ。椅子の上に立って、首相の態度に満足できない旨と、運動を続ける決意を表明した。

アニーのひと言の後、WSPUのメンバーと支持者は会場を出て、五〇〇メートル先のトラファルガー・スクエアへ直行した。

広場には、約七〇〇〇人が集まった。その日以前のロンドンにおける女性参政権を求める野外集会と比較して、動員人数は最大であった。

一人の女性がホロウェイ刑務所へ

一九〇六年一〇月二三日。各党の年次大会シーズンで閉会していた国会が再開する。開会日に合わせて一〇〇人を超えるWSPUのメンバーが、国会の下院へ押しかけてロビー活動を行った。

このころになるとWSPUは、組織内で軍隊的な用語・表現をかなり用いている。デモ隊を「連隊」と呼び、幹部が「指揮」する。「戦場」「戦士」も使われた。自由党に一定期間の時間を与えてWSPUの闘争を一時中止することは、「停戦」(truce)である。闘争資金は、「軍資金」(war chest)だ。そして、メンバーを「comrade」と呼んでいる。彼女たちの活動の文脈では、「仲間」の意味よりも「同志」「戦友」のニュアンスを帯びている。

彼女たちがロビーへ入ろうとすると、入場者は二〇人と制限された上に、労働者階級の女性の入場は許されず、ロビーへ入れない女性たちが圧倒的多数となった。労働者階級の女性の多くが、イースト・エンドの貧困女性で、八キロメートル前後もの道を歩いて国会議事堂へ来ていた。

二〇人の一人として入ったパンクハースト夫人は、まず自由党の院内幹事に会った。そして、今年度の会期中に女性参政権を審議するための何らかの方策を首相が講じたか否かを、首相に尋ねるよう依頼した。

院内幹事は、即刻首相に尋ねて戻ってきた。首相の返事は、現政権の任期中には女性参政権が与えられる可能性はまったくないというものであった。先般の面談で首相が説いた「忍耐の徳」は、実質上「無期限の忍耐」だったのだ。

パンクハースト夫人たちは、ロビーへ入れない大多数の女性と状況を協議した。結論は、WSPUの要求が完全に拒否されたのが明確になった今、要求を無視し続ける政府に対して、サフラジェットは、もはやおとなしく服従しないことを明示する行動に即刻打って出るべきだ、というものであった。

パンクハースト夫人（中央奥）と、アニー・ケニー（中央手前）

議事堂内にいたメンバーたちは、ロビー（中央ホール）で早速行動に出た。ロビー内に立つ政治家立像の前へ長椅子を移し、その上に女性が一人立って、周りをほかのメンバーが囲んだ。長椅子の女性は、政治家と面談するために来ているホール内のほかの人々に向かって状況を訴え始めた。

しかし、演説を始めるやいなや女性は数十人の警官によってホールから外へ放り出された。それでも、女性たちは行動を中止することなく次々と演説し、そのたびに警官に引きずられて外へ放り出されるのだった。

パンクハースト夫人は、投げ出されたときに地面に倒れた。大きなけがをしたと思った周りの人々が救助に駆けより、緊張が高まった。放り出された別の女性たちも警官に乱暴な扱いを受け、抗議する女性と警官の間で騒然とする状況が生まれた。

その結果、女性一〇人が逮捕された。逮捕者には、アニー・ケニーや、パンクハースト夫人の三女アデラが含まれていた。アニーは、当日は議会内に入ることなく外で状況を静観する約束をメンバーにしていた。それは、出獄後で身体が回復していなかったからであった。しかし、眼前の警官の乱暴な行為に耐え兼ねて、女性のもとへ駆けつけ抗議したのだった。

逮捕された一〇人は、翌日に警察裁判所（police court）で即決裁判にかけられた。

裁判は、警察側の陳述のみで三〇分程度で終わり、すぐさま判決が下された。判決は、「被告人の各々が一〇ポンドの罰金を支払って、この先六カ月間抗議行動を起こさない誓約を行うか、それを拒否した場合、二カ月間の投獄」であった。

一方的な裁判と不当な判決に抗議し、彼女たちは、被告人陳述をさせるよう要求した。同時に隠し持っていた「女性は、自分たちが従う法律と支払う税金を決めるために投票しなければならない」と書いたバナーを掲げた。しかし、警察判事は聞く耳を持たず、一〇人全員がホロウェイ刑務所へそのまま送られた。

当日裁判所には、シルビアやWSPUのメンバー三〇人ほどが、目撃者として証言するためや、裁判を傍聴するために押しかけていた。

しかし、一人として裁判室への入室を許されず、別室に軟禁状態にされた。一〇人の被告がホロウェイ刑務所へ送られたと警察側から聞かされたシルビアは、裁判室へ押し入り、警察判事に抗議した。シルビアの主張は、目撃者を証人尋問することも、被告人の家族や関係者が傍聴することも許さず、警察側の一方的な陳述のみで判決を下すのは、英国の司法の伝統に反し許されない、であった。

しかし、シルビアの主張もまったく相手にされず、彼女は警官によって路上へ乱暴に投げ出された。シルビアの身を気遣って人々が駆けよった。警官に乱暴な扱いを受けて息遣いが荒くなっていた彼女は、街頭演説はできず、気遣う人々に小声で話しかけていた。しかし、それすらも警官は許さず、シルビアは「公務執行妨害」で逮捕され、ホロウェイ刑務所に二週間投獄された。

ホロウェイ刑務所（Holloway Prison）は、国会議事堂の北方約五・五キロメートルに位置する。WS

ＰＵが結成された一九〇三年から女性専用の刑務所になっていた。シルビアは、「もっとも多く投獄されたサフラジェット」と呼ばれる。この日のホロウェイ刑務所への投獄が、第一回目であった。

第一回「ウィミンズ・パーラメント」と騎馬警官隊の暴行

一九〇七年二月一三日午後三時。ＷＳＰＵは、キャクストン・ホールを会場として、第一回「ウィミンズ・パーラメント」を開催した。前年も同ホールで集会を開催したが、この年から「ウィミンズ・パーラメント」として正式化する。女性が加わることができない議会制度を象徴的に告発する、女性たちの抵抗であり挑戦であった。

前日の国会開会式における「キングズ・スピーチ」には、今期の国会の審議事項として女性参政権が含まれていなかった。この重大な事実が確認された翌日に開催したのである。

現政権の任期中には女性参政権が付与される可能性はない、という首相の見解は、前年の秋にすでに、ＷＳＰＵは国会内で自由党院内幹事を通して確認済みであった。そしてその日に、女性たちは議会内外で抗議し、当日一〇人、翌日シルビアの合計一一人が逮捕・投獄されていた。しかし、個人としては女性参政権を支持する首相が、何らかの形で前向きに対処するのを期待していたメンバーもかなりいた。

「ウィミンズ・パーラメント」の議長は、パンクハースト夫人である。彼女は、「キングズ・スピーチ」に、女性参政権が含まれなかった事実を最大・緊急の課題と考え、審議にかけた。熱気と決意に満ちた会場から、「立ち上がれ！　女性よ！」と叫び声が出ると、「今だ！」と声が沸き上がった。

「キングズ・スピーチ」に女性参政権が含まれなかったことに抗議し、下院で今会期中に法案を提出する適切な措置を緊急に講じるよう、政府に要求する決議案が出され、議決した。同時に、時間を空けることなく、会場のキャクストン・ホールから議事堂へ抗議・要求書を即刻届ける動議が出て、これも議決された。

代表団は、作成された抗議・要求書を持って国会議事堂へ向かった。夕闇迫るころであった（ロンドンの二月一三日の日没時間は午後五時一二分である）。代表団は、これまでの経験から、国会議事堂へ入る際に人数制限などの妨害を受けるのを覚悟していた。しかし、今回はまったく予期していなかった事態に遭遇した。

代表団が、議事堂庶民院入口の手前およそ三〇〇メートルに位置するウェストミンスター寺院入口そばまで来ると、警官隊がびっしりと人間の壁を作って道路を封鎖していた。そして、代表団が近づくのを見ると、代表団の列を蹴散らすように警官隊が大股で歩きだした。女性たちは散らばってしまったが、怯《ひる》むことなく議事堂へ向かおうとした。すると突然、騎馬警官隊が疾走してきて路上の女性たちを左右に蹴り飛ばし始めた。

歩道へ避難しても騎馬警官隊は襲いかかり、女性たちは建物の壁面や鉄柵に馬力で押しつけられた。女性たちが建物のポーチ下や陰に身をおいて攻撃を避けようとすると、今度は当初道路を封鎖していた徒歩の警官が襲いかかってきた。警官は捕まえた女性を逮捕するのではなく、道路へ投げ出し、そこへさらに騎馬警官隊を呼び込んだ。

彼女たちは殺傷されるのを避けるため、一時撤退せざるをえなかった。しかし、女性たちは諦めたわけではない。警官隊の攻撃を数時間にわたってあちこちで繰り返し受けて、逮捕者を出しながらも、衣服を引き裂かれ顔や体に傷や痣《あざ》を負った一五人の女性が、順次国会議事堂のロビーへ入り込むのに成功する。

ところが、一五人がロビー内で集会を開こうとすると、全員がその場で逮捕された。

事件の翌日、ウェストミンスター警察裁判所で、逮捕された五七人の女性が裁判にかけられた。全員が罰金刑を拒否した。その結果、五五人は二週間、代表団の引率責任者だったデスパード夫人とシルビアは三週間、ホロウェイ刑務所に収監されることになった。

束の間の光をもたらした五七人の投獄

騎馬警官隊の残虐な暴行は、五七人の女性の心身を傷つけ、理不尽にも彼女たちを刑務所へ送ったが、この事件は、WSPUの運動に光を射す結果となる。

まず、ロンドンの地元紙に限らず、全国各紙が大々的に事件を報道した。WSPUの熱意と行動力を高く評価する声が全国的に広まった。

新聞報道の圧倒的多数が、WSPUに好意的で、警察当局の不当性を浮き彫りにしていた。事件は、書面を届ける目的で、国会議事堂へ向かって無防備で平和裏に歩いていた女性たちが、警官隊から暴行を受けたというものである。逮捕の根拠は公務執行妨害だが、女性たちは妨害どころか警官隊と何ら接触していないのに、警官隊が一方的に女性たちに襲いかかったのだ。「妨害」したのは女性ではなく警官隊である。「権利章典」に明記されている請願権の行使を、暴力で妨害したのだ。

新聞報道は、警官隊の行為を不当と見るばかりでなく、無防備の女性たちへ騎馬警官隊を仕向けた政府をも強く批判した。

新聞が警察と政府を批判したのに加えて、国会でも多くの議員が政府を激しく批判した。

さらには、運動にも光が射す。自由党議員の一人が女性参政権法案を提出すると公表し、そして、首相自身がその法案を支持する旨を明らかにした。

このような展開で、今会期内に女性参政権法案の審議が始まる見通しがつく。

しかしここで、自称女性参政権論者の貴族出身議員数名が、法案に反対の声を上げる。反対理由は、公表された法案の内容が十分に民主的でなく、貴族階級の女性に有利だというものだった。響きはきわめて民主的である。

ところが、ほかの議員やWSPUが法案内容を精査すると、反対している貴族議員の主張には何ら根拠がなかった。法案に反対する議員は、法案の条文解釈を間違えていたのだ。

反対議員の間違いが議員やWSPUによって繰り返し指摘される中で、反対議員は民主主義の擁護を装っているが、反対しているのは法案の内容についてではなく、女性に参政権を付与すること自体である点が明らかになっていった。

状況は、首相にとって「渡りに船」だったのかどうかは定かではない。しかし結局、首相は自分の率いる自由党内に反対議員が存在するのを理由にして、法案支持を取り下げてしまった。

第二回「ウィミンズ・パーラメント」と再度の投獄

自由党議員が提出しようとした女性参政権法案を、束の間支持した首相が、党内の反対に遭遇して支持を撤回する事件が起きた直後の一九〇七年三月二〇日の午後、第二回「ウィミンズ・パーラメント」が、キャクストン・ホールで開催される。

集会は、前月の投獄事件の余韻の中で開かれた。ホロウェイ刑務所に服役していたWSPUの五五人が出獄して三週間後のことであり、シルビアとデスパード夫人は、二週間前に出獄したばかりであった。別件で投獄されていた女性は、ちょうど一週間前に服役から解放されたところだった。

第二回会議でも、二月の第一回会議と同様に、WSPUの決議をキャクストン・ホールの集会場から議会内の首相に直接届ける旨の決議がなされた。

代表団参加を望む女性数百人を、ハーバートン（Harberton）子爵夫人（六三歳）が引率することが決まった。

ハーバートン子爵夫人は、WSPUの労働者階級出身の女性や、中流階級の女性と一緒に活動を行った貴族の一人である。子爵夫人は、ロンドンで一八八一年に「合理服協会」（Society for Rational Dress）をキング夫人と創設し、ビクトリア時代の価値観から女性を解放する一つの手段として、合理的な女性服をデザインしていた。彼女がWSPUに加わったのは、女性服の合理化による女性解放とWSPUの運動の間に、共通点を見出していたからである。

子爵夫人が非合理と考えたのは、ビクトリア時代に盛んに着用された女性の身体を不自然に拘束するコルセットや、ハイ・ヒール・シューズだった。また、過大な装飾や何重にも重ね着しなければならない女性服を否定し、自由・活発な女性のドレスのデザインと普及を行った。女性が自転車に乗りやすい服装もデザインしている。彼女は、貴族でありながら、英国の伝統的な価値観を否定し、女性解放をめざしている当時の著名人であった。

代表団が国会議事堂に向かうと、数百人の女性団に対して一〇〇〇人前後の警官が国会議事堂の周囲に配置され、女性の「侵入」を阻止する態勢が整っていた。

今回も女性たちは警官隊の乱暴な扱いと暴行を議事堂周辺で受けた。こうした事態に備えて、WSPUは、キャクストン・ホールを夜遅くまで借り切っていた。次から次と闘いの現場から引き返して、ケガの処置や引き裂かれたドレスの繕いをする女性のための一時避難所としたのだ。

ハーバートン子爵夫人は、驚くことに、何重もの警備網をくぐり抜け、議事堂のロビー内へ入るのに成功している。しかし、彼女も首相にWSPUの決議文を渡す前に逮捕された。

この騒動で逮捕された多くの女性が、翌日、ウェストミンスター警察裁判所で裁かれた。女性たちは罰金刑を選ぶことなく、ホロウェイ刑務所へ送られた。

多くが二週間の刑であったが、一週間前に出獄して代表団に加わり逮捕された女性は、前科があるとの判断で三〇日間の刑となっている。また、被告人席で、「VOTES FOR WOMEN」のバナーを掲げた女性は、「警察判事の尊厳を傷つけた」罪が加重され、彼女の刑も三〇日間になった。

このように、一九〇七年二月と三月には、女性たちがキャクストン・ホールから国会議事堂へ書面を届けようとした行動を、警察当局が暴力で阻止し弾圧した。彼女たちは、「サフラジェット」と呼ばれていたが、まだ破壊行為も暴力行使も行っていなかった。

彼女たちは男の警官に暴行を加えられ、男のみで作った法律に反して逮捕され、男のみで作った裁判制度で裁判にかけられ投獄された。

人権を蹂躙《じゅうりん》され、尊厳と身体を傷つけられ、数週間にわたって身柄を物理的に拘束されたＷＳＰＵの女性メンバーは、この二月・三月の二カ月間のみで一三〇人に上った。

ＷＳＰＵの分裂と躍進

一九〇七年は、ＷＳＰＵの躍進と分裂が並行して進む年であった。

早春には、前述のように多くの逮捕者を出す事件が起き、メンバーは投獄されたが、これらの事件は新聞報道によってＷＳＰＵの拡大・躍進に寄与している。

組織の知名度が上がるにしたがって全国各地に支部が増え、各地における集会やデモ行進も活発になった。また、上流階級・貴族階級からの寄付金も増えだしている。女性参政権への関心が社会で高まり、ＷＳＰＵメンバーに加えて、一般読者からも新聞や雑誌への寄稿・投稿が増えた。

しかし、同年九月、ＷＳＰＵの幹部三人が、組織運営に異議を唱えた。

三名によると、WSPUの組織運営が民主的でなく、闘争方針の多くがパンクハースト夫人と長女のクリスタベルによって決定されているという。また、三名は、貴族や上流階級がWSPUへ影響を及ぼしすぎているとの批判も行っている。

三名とパンクハースト夫人とクリスタベルの話し合いの結果、三名はWSPUを脱退して、別組織を創立することになった。WSPUが三名を除名したとの説と、三名が脱退したという説があるが、少なくとも表面上は喧嘩別れではなかった。

三名が一九〇七年秋に創立した「女性自由連盟」（WFL＝Women's Freedom League）も、女性参政権運動における戦闘性の必要は否定しなかった。しかし、WFLの闘争戦術には納税拒否や国勢調査不協力なども含まれていた。

WFL創立にともなって七七人がWSPUから脱退してWFLへ加わった。脱退者の比率に関しては、一〇％から二〇％と諸説があるが、そもそも組織の会員数が前述のように確定し難い状況であったので、比率を考えることに大きな意味はないであろう。

一九〇七年は、最初の組織分裂が起きた年であったが、同時に、WSPUは、活発に活動する日々を送る年でもあった。人数的には多少の減少があったが、活動量では増加をたどった。

大きな活動とそれに伴う事件としては、前述の二月・三月の事件が挙げられるが、新聞報道にならない程度の「事件」は、枚挙に暇《いとま》がなかった。メンバーたちの誰かは、ほぼ毎日どこかの大臣や大物政治家の各種会議へ押しかけていき、女性参政権を訴えている。

また、下院の補欠選挙が数多く行われた年だったため、幹部や主要メンバーが、WSPUの支部の

デモ行進の飾りを準備する若い女性たち

ない地方の選挙区へも出かけていき、立候補者に女性参政権を支持するか否かの詰問作戦を展開している。三月の国会への代表団派遣の際に、パンクハースト夫人がみずから代表団を引率することなく、ハーバートン子爵夫人に委託したのは、この詰問作戦のためだった。パンクハースト夫人は、「ウィミンズ・パーラメント」を終えた夕方にロンドンを発ち、北東イングランドの都市ヘクサム(Hexham)へ出かけ、翌日から補欠選挙で詰問を行っている(ロンドンのキングズ・クロス駅からヘクサム駅までは、二一世紀になっても列車で四時間以上かかる)。

組織活動の活発さを表しているのが、WSPUが全国各地で行った集会の開催数である。

一九〇七年五月から一〇月の半年間に、各地のWSPU支部が開いたり、ロンドン本部がスタッフを派遣して開催した屋内と屋外の集会は、約三〇〇〇回だった。単純平均で一日に一六カ所で開かれていた計算になる。なお、一九〇六年の一年間のWSPU集会数は五〇〇〇回と推定されている。

機関紙「VOTES FOR WOMEN」発行

ＷＳＰＵから一部のメンバーが脱退してＷＦＬを結成した翌月一九〇七年一〇月、ＷＳＰＵは機関紙「VOTES FOR WOMEN」の発行を開始した。

共同編集者は、ペシック＝ローレンス夫妻（夫フレデリック・妻エメリン）であった。

夫のフレデリックは、法廷弁護士（barrister）だった。妻とともにＷＳＰＵの機関紙の共同編集人になる前は、社会改革事業に参画したり、ロンドンの夕刊紙「スター」（The Star）の編集者を務めたりしていた。

妻のエメリンは社会改革家で、恵まれない少女の福祉施設や、労働者協同組合方式によるドレス製造ビジネスを立ち上げていた。

彼女は、機関紙編集に夫と従事する傍ら、ＷＳＰＵの収益事業と財政の責任者になり、ＷＳＰＵを財政的に確固たる組織にしていく上で、大きな役割を果たすことになる。ＷＳＰＵのシンボル・カラーである、パープル・ホワイト・グリーンの三色を発案したのも彼女であった。

機関紙は、発刊後しばらくは月刊であったが、一九〇八年四月から週刊にしている。

発行部数は、週刊になって二万部だったが、一九一〇年には三万部に増加している。

機関紙は、第一面に大きな風刺画を掲載していた。しかし、ほかの女性参政権新聞と比較して、鋭くて深い論調を保った。また、ＷＳＰＵの幹部の紹介や、各地の支部便り、キャンペーン活動の詳しい解説とデモ行進などの活動の詳報で、紙面を彩った。

印刷は、英国の代表的経済紙「フィナンシャル・タイムズ」を印刷していた、「クレメンツ・イン・プレス」が行った。

機関紙は、次のような、当時としては斬新な特色を持っていて、ＷＳＰＵの存在と活動を広く社会に知らせ、世論を喚起する上で大きな役割を果たした。

◆「VOTES FOR WOMEN」は、社会的・法的・政治的に質の高い論議を掲載した。編集者フレデリックの法廷弁護士と商業新聞編集者の経験から生み出される記事は、政治家や知識人を十分に論破する知的な説得力を持っていた。

◆機関紙の記事は、政治的に質の高い水準を保つと同時に、幅広い読者を引きつける魅力ある多彩な記事も掲載していた。

◆機関紙を、新聞・雑誌・書籍販売を行う英国最大のチェーン書店「ＷＨ スミス」（WH Smith）に卸すことに成功した。

同書店は、全国各地の大通りや駅に店舗をおき、新聞・雑誌を購買する人々が日々立ち寄る代表的な場所だ。女性参政権運動の機関紙を買う考えのない人々にも自然と目につく場所である。

◆機関紙は、大手書店とＷＳＰＵ販売店で売られるのみでなく、多くのボランティア女性が街頭で立て看板とともに販売した。

このため、機関紙を購買しない人々にとっても、ＷＳＰＵの存在は日常の風景の一部になり、「VOTES

FOR WOMEN」のメッセージが、社会に浸透していった。

◆WSPU販売店やWSPU支部へ機関紙を輸送するのに、スローガンなどを身につけた二人の女性が一頭立てや二頭立て馬車を走らせた。この馬車を、WSPUのキャンペーン・スローガンや、イベント案内広告で飾った。馬車は、WPSUの動く宣伝塔として人々の目を引いた。

機関紙を街頭で売るWSPUメンバー

また、WSPUの宣伝物で飾ったバスを一台常備し、キャンペーン姿の女性が運転手と運搬人になって、ロンドン市内を走りながら機関紙を販売店へ届けた。これが、WSPUの広報になったのみでなく、女性の行動力を街頭で示す役割も果たした。

◆機関紙では、WSPUのキャンペーン・グッズの宣伝も行った。

掲載された物品には、教宣活動に役立つパンフレット、バッジ、絵葉書、カレンダー、クリスマス贈答品などが含まれていた。

発行部数では大手の一般新聞とは比較にならなかったが、社会への影響は単なる三万部ではなかった。WSPUの推計では、購買された「VOTES FOR WOMEN」一部は、平均で四人に読まれていたという。

英国史上最大の女性による屋内集会

一九〇八年にも国会開会に続いて、二月一一日から三日間の「ウィミンズ・パーラメント」が開催された。

前年のように、キャクストン・ホールから国会議事堂へ要望書を届けようとした代表団は、数千人の警官隊による阻止に遭い、五〇人の女性が逮捕された。

この事件がこれまでと異なっていたのは、動員された警官が膨大な数に上っていただけではなかった。ＷＳＰＵの女性代表団を支持する人々が、警官隊の数に匹敵するほど集まり、彼女たちを路上で応援したことである。加えて、警官の数ほどの野次馬が別個に、パーラメント・スクエア周辺に集まった。

被告人女性のうち四六人が六週間、二人が一カ月の刑を受け、ホロウェイ刑務所へ送られた。二人の女性は罰金刑を選んだが、それは家庭で看病しなければ生きていけない病人を抱えていたからであった。

この不当逮捕事件の当日、パンクハースト夫人は地方の補欠選挙の集会で演説を行っていて不在だったが、「ウィミンズ・パーラメント」最終日に間に合うように、夜間ロンドンへ向かった。最終日には、みずからが引率する代表団でもう一度、議会へ進入を試みる覚悟だったのだ。

逮捕の覚悟ができている一三人の女性が、静かに歩いて国会へ向かった。しかし、パーラメント・スクエアのそばまで来ると、警官がパンクハースト夫人の左右の腕を捕まえ、問答無用で逮捕した。続いて夫人を補佐していたアニー・ケニーを含む八人が、次々と逮捕された。

何ら正当な理由のない逮捕であったが、翌日の警察裁判所で、九人の罪状が述べられた。それによると、彼女たちの犯行は、大声で歌ったり叫びながらキャクストン・ホールを出発し、暴徒的で下品なふるまいをし、警官のヘルメットを奪い、行進しながら警官に暴力をふるったというものであった。

当局による完全な捏造を覆すため、パンクハースト夫人は目撃者を証人として立てようとしたが、警察判事は認めなかった。また、夫人の陳述もすぐに止められ、結局、六週間の投獄となる。

WSPUは、パンクハースト夫人が投獄された翌日二月一五日から、「セルフ・ディナイアル・ウィーク」(Self-denial Week)を開いている。企画したのは、WSPUの財政責任者のエメリン・ペシック＝ローレンスだった。

「セルフ・ディナイアル」には、「自制」「克己」「無私」「我慢」「自己否定」などの意味がある。その「一週間」である。期間中は、WSPUのメンバーは、食費を質素にしたり、紅茶・ココア・コーヒー・ワインなど、自分の好きなものを避けて節約し、WSPUに寄付した。

また、期間中には、余分な仕事をして稼いだり、自分の美術作品や著書を売って収益を得て寄付する女性もいた。ある女性は、路上で楽器を演奏したり歌ったりして寄付金を作った。またメンバーは、WSPUのブランド品を積極的に販売して収益活動を行うよう、指示を受けていた。女性たちは各自各様に、WSPUの財政を少しでも豊かにするために、この一週間をすごしたのだった。

「セルフ・ディナイアル・ウィーク」の成果を報告し、WSPUへの寄付金を広く社会一般から募る屋内集会が、一九〇八年三月一九日（木曜日）午後八時から、ロンドンのロイヤル・アルバート・ホール（RAH）で開かれた。

この時期には自由党議員が提出した女性参政権法案の修正が国会で審議されだしていた。首相が法案を支持し立法実現に向けて働きかけるよう、政府に圧力をかけるための大集会でもあった。

RAHは、ハイド・パークに「クリスタル・パレス」を建てて開催した一八五一年の万国博覧会の収益金で建てられた建物の一つである。ビクトリア女王が一八七一年にオープンしたもので、ホールの名称は、女王の夫プリンス・アルバートに由来する。

この大集会は、WSPUにとっても、英国の政治史の上でも、大きな意味を持っている。

ロイヤル・アルバート・ホール（筆者撮影）

◆集会には、約七〇〇〇人が参加した。
安全基準の厳しくなった現在では、RAHの最大収容人数は、五二七二人（二〇一七年時点）だ。立見席の区域を設けるコンサートなどの場合、六〇〇〇人が入る。

WSPUの集会当日は、会場は文字通り満杯であった。貧困者のための無料席も設けられたが、貴族・富裕者用の高額な席から、中流のための比較的低額な四段階の有料席が設けられた。七〇〇〇人の集会は、英国の歴史上で女性が屋内で開いた最大の集会であった。

マンチェスターの自宅で母子を中心として結成されたWSPUは、四年半で、英国でもっとも由緒ある、最大の収容人数を誇るホールを、聴衆で満杯にできるほど成長したのであった。
◆RAHの公式アーカイブは、当日の集会を「政治集会」と記録している。
WSPUは、次から次と逮捕者を出し、ホロウェイ刑務所に収監されている女性を、常にメンバーに抱えている組織である。パンクハースト夫人や幹部のアニー・ケニーも服役中であった。その組織が、女性参政権に強固に反対していたビクトリア女王の夫を記念して建てられた由緒ある会場で「政治集会」を開くのを、ホール関係者が許可したのである。

この事実は、王室・政府を含む体制・権力側が、各階層の広範な女性の支持を獲得しだしたWSPUの活動を、合法的な「政治活動」として認めざるをえなかった状況を物語っている。
◆集会の準備は、パンクハースト夫人やアニー・ケニーが服役中に行われている。WSPUは、組織の幹部が不在でも、史上最大の女性による屋内集会を開く行動力を持つまでに成長していたのだった。
◆服役中だったパンクハースト夫人やアニー・ケニーは、集会当日の朝に、刑期を満了することなく釈放されている。
どこの誰がどのように働きかけた結果かはわからないが、WSPU幹部が当日の集会に参加できるように配慮し、政府が早期釈放を決定した結果であった。

◆集会は大成功であった。会場では寄付金が流れる水のように集まったという。

また、アニー・ケニーの演説を聞いて、彼女の姿に「ジャンヌ・ダルク」（一五世紀のフランスの愛国女性。農村の出身で軍を率いてイギリス軍を撃破。後に異端の宣告を受けて裁判の上に焚殺《ふんさつ》される）の再来を見たものが数多くいたという。

WSPUは、この最初の大集会から、一九一三年四月までの間に、合計一五回RAHを会場として大集会を開いている。

史上最大の政治集会「ウィミンズ・サンデー」

女性参政権付与に理解を示し、応援を公にしながらも反対閣僚の存在で、立法に漕ぎつけることができなかった首相ヘンリー・キャンベル＝バナマン卿は、一九〇八年四月に亡くなった。後継の自由党党首・首相となったのが、ハーバート・ヘンリー・アスキス（Herbert Henry Asquith 一八五二～一九二八年）である。

アスキス首相はきわめて硬派で、女性参政権の根強い反対論者でもあった。

しかし、内務大臣ハーバート・グラッドストン（Herbert Gladstone 一八五四～一九三〇年）は、みずからを「サフラジスト」と呼び、知的な政治家であった。彼は、元首相の息子で、オックスフォード大学で教鞭をとった後に、自由党の国会議員になっていた。

当時は、自由党議員が提出していた女性参政権法案の審議が、一定の段階まで進んでいた。しかし、政府提出法案でない上に、首相に加えて閣僚や自由党議員の中に根強い反対意見があり、成立の可能性はないと、多くが考えていた。

グラッドストン内務大臣は、確固とした政治歴史観の持ち主で、歴史をふり返ると、政府を動かして新たな立法を生むのは、論理とその論理を支持する大衆の力だという持論を公にしていた。

彼は、男性が一定の制約はあるものの参政権を得た背景には、参政権を要求する確固たる論理があって、その論理を支持する多くの男性を運動に参加させた結果、その大衆の勢力が政府の目に威圧として見えたからだと、信じていた。

そして、女性参政権法案が成立しない背景には、女性には男性のように大衆を大きく動かす力がないという事実が存在するとも、内務大臣は公言していた。

このグラッドストン内務大臣の女性観に挑戦するために、WSPUが企画したのが、ハイド・パークでの大集会であった。彼女たちは、彼女たちの主張を支持する女性が全国に数多く存在し、彼女たちにはその支持者を動員する組織力があることを、ハイド・パークで大集会を開くことによって立証しようとしたのだった。

WSPUは、一九〇八年六月二一日（日曜日）に、「ウィミンズ・サンデー」（Women's Sunday）と名づけた大集会を、ハイド・パークを中央会場として開催する決定を行った。同時に動員目標を設定する。

当時、ハイド・パークで開かれた一番大きな集会として、七万二〇〇〇人が参加した記録が残っていた。

動員目標を設定したときにはわからなかった事実だが、ＷＳＰＵの「ウィミンズ・サンデー」予定日の一週間前に、「サフラジスト」が主催したハイド・パークでの集会には、一万三〇〇〇人が参加していた。この規模が、当時の女性主催のデモ集会では大きい方であった。

「チャーティスト」が、男性の参政権を訴えて、一八四八年四月にケニントン・コモンで開いた大集会は、軍隊や警官隊のロンドン防衛で失敗に終わったが、当日のデモ集会には、全国から、推定五万人が参加している。この大集会に至る以前に、「チャーティスト」は、長年各地で集会を開いていたが、いずれもこのように大きな規模ではなかった。

ＷＳＰＵは、史上最大の参政権集会をめざした。男性の集会の最大記録を抜くだけではなく、桁違いの大記録を樹立する意気込みだったのだろう。動員目標を「最低二五万人」に設定している。

ＷＳＰＵは、ロンドンと全国主要都市で、集会の案内を大々的に行った。

ハイド・パークには集会の当日、約一〇〇メートル間隔で合計二〇の仮設ステージを設置する計画を立てた。

その各ステージに立って演説を行う女性のポートレートを入れた大きな掲示板を、全国各地に立てた。掲示板には、ロンドン地図、ロンドン市内の七つの大行進経路図、集会会場の案内図も張り出された。

ロンドン市内では女性宣伝隊が組織され、掲示板に加えて、数種のポスターやチラシ配布を数週間にわたって行った。また、サンドイッチ板を身につけて街角に立って案内したり、戸口もこまめに訪れた。また、三色のチョークで歩道に集会案内を書きまくった。

ＷＳＰＵは、上院と下院の国会議員にも集会への参加を誘っている。国会議員への集会案内は、チラシやポスターのみでなく、「行動」でも示された。その様子を、体制側の高級紙「タイムズ」は、「国会議員たちが川から大演説を受ける」との見出しで報道している（The Times, 19 June 1908）。

同紙の報道によれば、報道の前日（大集会の三日前）は晴天で、国会議員、イングランド国教会の聖職者、地方からの陳情団など数百人が、多くの女性を交えて、国会議事堂のテムズ川側のテラスで喫茶していた。

すると突然、デッキ上で派手な音楽を奏でる蒸気船が国会議事堂に向かって疾走してきて、議事堂横に接岸した。

デッキではサフラジェットが手を振り、「女性参政権」「ハイド・パーク、六月二一日、日曜日」「閣僚は特に招待」の三つのバナーを掲げていた。そして、蒸気船の客室上部の屋根の上に一人の女性（フローラ・ドラモンド）が立ち上がって、明瞭な声で堂々と演説した。

パンクハースト夫人の『私自身の物語』によれば、ドラモンド夫人は、「日曜日に公園へ来なさい！」「あなたたちは、警察の保護を受ける。逮捕者は出ない。あなたたちに約束するよ！」と叫んでいる。集会を妨害したり参加者を逮捕したりするなという、ＷＳＰＵの政府当局への皮肉った警告とも受けとれる発言だ。

集会当日は、臨時列車で地方からも多くの女性が参加し、ロンドン市内の七カ所から出発する行進に加わった。音楽隊の数は四〇に上り、二メートル近くの竿につけたバナーの総数は七〇〇本を超えた。

当日の報道写真を見ると、バナーには、「VOTES FOR WOMEN」「WSPU」のほかに、「カーディフ」「チェスター」など、各地の都市名が書かれている。女性の多くが白色のドレスを身につけ、帽子をパープル・グリーン・ホワイトで飾っていたとの報道記事が多い。三色のタスキや華やかな女性のドレスで、晴天のハイド・パークは満開になった巨大な花園のようだったという。

演説用ステージを、二〇カ所に分散して仮設した。最大二〇人が同時に演説できる設定だ。それらの中心部に、引っ越しに使う箱型大型トラックを駐車し、その上に乗った女性指揮官が、公園に集まってくる大行進グループを、ラッパで指揮している。軍団の指揮と同じ発想であった。

一〇〇メートル間隔のステージの周りはどこもびっしりと参加者に囲まれ、参加者全体の半数の人々は、演説が聞こえる距離まで近づけなかったという。それでも帰る人々はなく、夕方五時の大会終了を告げるラッパまで公園は人間の海となっていた。ラッパに続いて、「VOTES FOR WOMEN!」を三唱して散会となった。

当日の参加者数については、二五万人、三〇万人、五〇万人、七〇万人などの数字が、集会翌日から数日後の新聞各紙に見受けられる。小さな新聞は、WSPUの目標であった二五万人を用いている。航空写真がなく推測の域を越えなかった結果であろう。しかし、「タイムズ」紙は、翌日六月二二日の報道で示唆に富む表現を使っている。

同紙は、WSPUが「目標とした二五万人はもちろん、たぶんその二倍であった」と推測し、「もしも誰かが二倍ではなく三倍だったと言い出せば、容易《たやす》く否定できない人数」であったとも記している（The Times, 22 June 1908）。したがって、最低五〇万人は参加したと見るべきであろう。

ＷＳＰＵは、大会終了後に大会決議のコピーをアスキス首相に送り、ハイド・パークでの「ウィミンズ・サンデー」に首相がどのように応えるか問い合わせる書簡を送っている。首相は公式に回答している。しかし、首相の返事は、彼の従来の表明に何も加えることはないというものであった。同時に、いつとは言えないが、政府は将来、参政権を一般的に見直して、「女性参政権を含むかもしれない」法案を提出するだろうとも、加えている。

「ウィミンズ・サンデー」は、女性が男性以上に大規模な政治集会を企画し成功させる力があることを示した。同時に、ＷＳＰＵが多数の女性の支持と寄付を受け、財政的にも強い存在になりつつある事実を示している。

ＷＳＰＵは、「ウィミンズ・サンデー」の宣伝費用のみで、当時の金で一〇〇〇ポンド以上使っている。この金額は相当な額である。

一九〇八年の英国の国民の名目平均年収は、国会資料によると、七〇ポンドであった。国際研究機関（Measuring Worth）のプログラムで計算すると、七〇ポンド少々になる。したがって「ウィミンズ・サンデー」の宣伝費のみで、名目平均年収の一四倍を超えていたことになる。

最初の破壊事件

ＷＳＰＵが歴史に残した多くの事実の中で、今日においてもかならず語られるのが、官庁や商店街の窓ガラスを破る行為から始まって次第にエスカレートし、放火・爆破にまで至った破壊活動である。

この種の破壊活動が、WSPUの主要な活動だったかのごとく語られることが、英国においてもきわめて多いのだが、すでに見たように、一九〇三年一〇月のWSPU結成から、一九〇八年六月の「ウィミンズ・サンデー」まで、WSPUは破壊活動をいっさい行っていない。

この四年半を超える期間に、WSPUの女性の多くが、公務執行妨害で逮捕・投獄されたが、彼女たちは破壊活動はもとより、暴力もふるっていない。

しかし、一九〇八年六月三〇日、メアリー・リー（Mary Leigh）とイーディス・ニュー（Edith New）が、首相官邸に投石し窓ガラスを壊して検挙された。これが、WSPUの最初の破壊活動となった。投石事件は、「ウィミンズ・サンデー」の九日後に起きている。この九日間に、WSPUの幹部は一つの重大な決心をしている。

「ウィミンズ・サンデー」は、自由党幹部の女性観に反して、女性が確固たる論理を持ち、その論理を支持する大衆を組織して動かす力があることを証明した。史上最大の五〇万人の政治集会を開いて、女性の政治・組織能力が男性のそれを上回るという事実を、誰の目にも明らかな形でハイド・パークで示したにもかかわらず、アスキス首相の態度は実質的に無反応に等しいものであった。

WSPUは岐路に立たされ、二つの選択肢から一つを選ぶことを迫られていた。

選択肢の一つは、女性参政権獲得を諦めることである。

「サフラジェット」誕生以前から「サフラジスト」は、当時まで四〇年間地道に運動を続けてきたが、実質上目に見える進展がなかった。そのような歴史的体験から、「サフラジスト」たちは、署名運動や国会請願活動を恒例行事のように毎年行っていたものの、一八八〇年代になると、近未来における女性参政権獲得は諦めていたのが実情だった。

もう一つの選択肢は、諦めるのとは正反対に、歴代政権に見られる男性中心主義が変わるまで、あるいは、少なくとも自由党政権が崩壊するまで、徹底的に闘いを継続する途《みち》である。

WSPU幹部は、後者を選択した。同時に、彼女たちは、WSPUがさらなる新たな行動を起こし、多彩な活動を継続しない限り、首相や閣僚は考えを変えることも政権が崩壊することもないと、状況を分析した。

WSPUが起こした次の段階の行動は、WSPUのメンバーや支持者を超えて、不特定多数の一般大衆にWSPUの活動を知らせ、可能であれば、活動に参加させる戦術であった。

投石事件の当日には、すでにこの新戦術が実行に移されていた。

WSPUは、パーラメント・スクエアで集会を開き、その後、従来のように代表団を国会へ送り込む計画であった。

しかし今回は、事前に集会と代表団の行動日程を広く社会に宣伝し、一般大衆に集会に参加するよう呼びかけていた。また、首相には書面を送り、代表団が国会へ行く日時を、「一九〇八年六月三〇日午後四時三〇分」と通知している。

首相への通告通り、代表団は国会へ到着したが、いつものように議事堂へ入るのを警官に阻止された。そこで一度キャクストン・ホールへ引き返し、パーラメント・スクエアが一般大衆で満杯になり始めた午後八時に、いくつかの代表グループを議事堂へ送った。

今回も警官隊との衝突が起き、騎馬警官隊が投入されて事態が鎮静する真夜中までに、二九人のW

SPUメンバーが逮捕された。

代表団の国会請願は今回も実現することなく逮捕者を出したが、運動には大きな進展があった。まず、運動に大衆の目を向けるのに成功した。翌日の新聞報道などによると、集会へ参加した人々、大混乱の中でWSPUの請願行動が実現するよう手助けした男性や、野次馬の数は、一〇万人と推定された。

この推定は過大であろう。パーラメント・スクエアには、一〇万人は入れない。しかし、それに近い数の一般大衆がWSPUの訴えに応えて、国会議事堂周辺に集まったのである。

もう一つの成果は、この集会を自分の目で確認するため、少なくとも三人の閣僚が現場に来ていたことである。グラッドストン内務大臣と、後に首相となったデビッド・ロイド=ジョージ（David Lloyd George　一八六三〜一九四五年）とウィンストン・チャーチルだった。

大衆も自由党内閣の閣僚も無視できないまでに、WSPUの運動は躍進したのであった。

この集会の混乱の中で、パーラメント・スクエアとトラファルガー・スクエアのほぼ中間にある首相官邸へメアリー・リーとイーディス・ニューが投石して、窓ガラス数枚を壊したのであった。その結果、二人は、ホロウェイ刑務所で二カ月間の刑を受けた。

当時、投石行動は、WSPUの戦術として認められていたものではなかった。二人は、除名を甘受する旨を、パンクハースト夫人に伝達している。

しかし、パンクハースト夫人は二人を非難するどころか、刑務所を訪れて二人に理解を示した。夫人はこの時点ではまだ、窓ガラスを壊す戦術を奨励していなかった。この種の破壊が戦術として活発

アスキス首相の官邸の窓ガラスを破壊したことでホロウェイ刑務所に収監されていた、メアリー・リーとイーディス・ニューが、1908年8月22日に出所。２人を出迎える人々

２人の出所を祝うWSPUの朝食会

出所した２人に花束を持たせてデモ行進する

になったのは、一九一一年秋からである。夫人が非難しなかったのは、政府や警察が法律の適用にあたり顕著な女性差別をしたからだ。

男は歴史を変える上で、投石とは比較にならない打ち壊しや焼き討ち事件を起こしてきた。しかし、多くの場合は、政府に対する政治的抵抗と受け止められ処罰の対象にならなかった。投獄されても、彼らは、一定の権利が認められる「政治囚」として扱われた。しかし、女性が政治的抵抗を行うと、政治的抵抗とは認めることなく、一般の犯罪行為として扱い、厳罰を科すのであった。

閣僚を証人尋問したＷＳＰＵの被告人

ＷＳＰＵの新しい作戦――メンバーや支持者を超えて一般大衆にも参政権運動に関心を持たせ参加させる――の一環として、ＷＳＰＵは一九〇八年一〇月一一日（日曜日）に、トラファルガー・スクエアで大集会を開いた。

集会では、広場中央の四頭のライオン像が囲むネルソン提督石柱（高さ五二メートル）の石台上で、パンクハースト夫人、クリスタベル、ドラモンド夫人の三名が演説を行った。その際に、次のような短い文面を記載したチラシを何千枚も広場で配布した。

Men and Women, Help the Suffragettes to Rush the House of Commons, on Tuesday Evening, October 13th, at 7.30.

チラシは、男女に呼びかけている。「男と女よ、一〇月一三日、火曜日夕方、七時三〇分に、サフラジェットが庶民院を突破するのを助けよ」と。

チラシに使われた英語の「ラッシュ」(rush)をこの文脈で理解すると、いくつかの解釈が可能である。「庶民院(下院)を急襲する」と理解できないこともない。「占領する」とも考えられる。しかし、WSPUと庶民院との過去数年間のかかわりをふり返ると、「rush」は、「急襲」や「占領」の意味ではないことが理解できる。サフラジェットが請願のため庶民院へ入ろうとするのを妨害・阻止する警官隊を突破して、請願を実現するという意味であることは明らかだ。WSPUのチラシは、WSPUの代表団が、警官隊の妨害を突破して庶民院の中に入れるよう、手助けしてくれと一般の男女に訴えたものであった。

演説の翌日正午に、演説を行った三名は、警察から公文書を突きつけられた。

彼女たちの行為は煽動罪に該当するというのである。三名は、チラシを配布し、治安を乱し兼ねない行為に結びつく行動を起こすよう大衆に呼びかけ、庶民院での不当かつ違法行為に参加させる目的で、大衆を煽動する罪を犯したというのである。そして書面は最後に、当日(一二日)午後三時にボー警察署へ出頭せよと命じていた。

三名は出頭を拒否し検挙されて、ボー警察裁判所で裁判にかけられた。

被告側は、まず最初にクリスタベルが三名を代表して陳述を行った。彼女はマンチェスター大学で法学を学び、法曹界で働くのに必要な能力・資格を持ってはいたが、当時は女性が弁護士などとして裁判所に立つことは許されなかった。しかし、彼女には裁判知識が十分あった。彼女は、裁判に関す

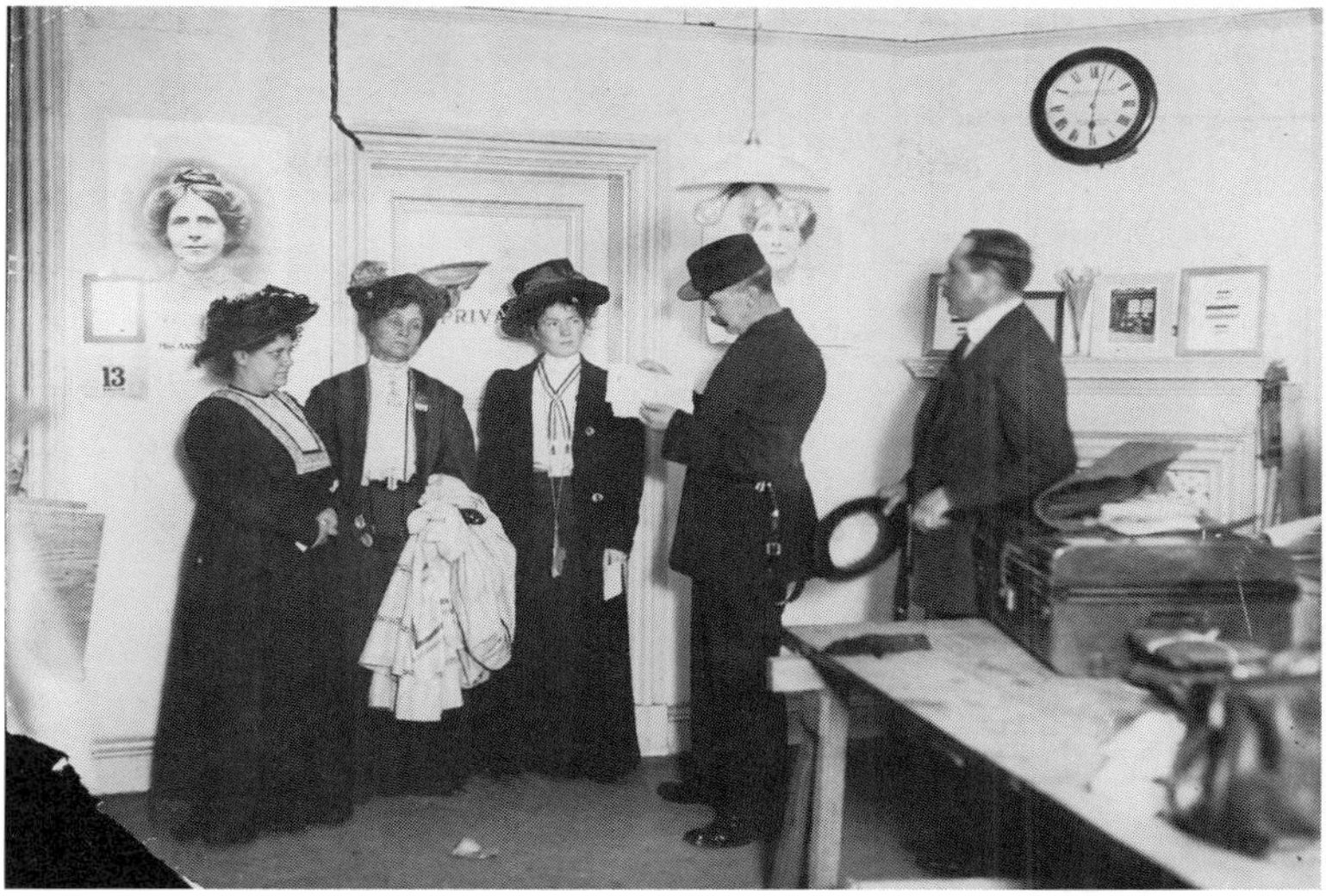

パンクハースト夫人、クリスタベル、ドラモンド夫人が事務所で逮捕される

被告人席の３人。左からクリスタベル、ドラモンド夫人、パンクハースト夫人

る法律論争から始める。彼女の主張は、以下の三点であった。

①被告人三名の行為は煽動罪に該当しない。

②仮に、三名の行為が煽動罪に該当するのであれば、三名の裁判を、軽犯罪を取り扱い警察判事が簡易に判決を下す警察裁判所で行うのは不当である。裁判は、陪審員が審判に参与し、煽動行為の有無について評決を行う正規の裁判所で行われるべきである。

③警察裁判所で裁判を行うとしても、被告人は、被告人側の証人を裁判に呼ぶ権利を認められるべきである。

証言を迫られる大蔵大臣デビッド・ロイド=ジョージ

同じく内務大臣ハーバート・グラッドストン

クリスタベルの理詰めに遭遇し、警察判事は裁判準備のために一週間休廷にした。

裁判が再開されると、警察判事は被告人の証人尋問を許した。被告人側が呼び出した最初の証人は、トラファルガー・スクエアの集会に聴衆として参加していた、当時の大蔵大臣デビッド・ロイド=ジョージであった。

警察判事は、クリスタベルの大蔵大臣への詳細にわたる尋問を、判事の権限で避けさせようと試みたが、彼女は巧みな論法

裁判所の外で見守るWSPUメンバーと警官など

で、大臣に陳述させた。

ロイド＝ジョージは、チラシの用語「ラッシュ」が、「急襲」や「占領」を意味しない事実を認めた。加えて、広場の集会で、被告人三人が大衆に対して、建物を破壊したり人身を致傷するような違法行為を煽っていない事実も認めた。

クリスタベルは、グラッドストン内務大臣や一般聴衆も証人として尋問した。

クリスタベルの証人尋問によって、傍聴者に限らず誰の目にも、三人の行為が煽動罪に該当しないことが明らかになった。

しかし、警察判事は、クリスタベルに一〇週間、パンクハースト夫人とドラモンド夫人に三カ月間の投獄刑を言い渡した。

この集会の関連で、幹部三人に加えて、WSPUのメンバー三〇人がロンドンで逮捕された。直後には英国各地の政治集会で、WSPUメンバーが政治家を質問責めにして、多くが逮捕・投獄されている。

「ウィミンズ・エキシビション」

国会議事堂周辺やトラファルガー・スクエアなどのロンドン中心部のみでなく、全国各地で逮捕者を次から次と出しながらも、WSPUは、メンバーと闘争資金を増やし、より多くの一般市民の目をWSPUの活動に向けさせる努力を続けた。

囚人服（複製）を身につけたパンクハースト夫人とクリスタベル

一九〇九年の春には、有給のスタッフが七五人に増えている事実が示すように、組織は拡大しつつあったが、WSPUをより広く社会に紹介し、キャンペーン資金を稼ぐため、女性たちは同年五月にロンドンで一週間「ウィミンズ・エキシビション」を開いた。

会場は、RAHの東方約八〇〇メートルに位置するスケート場である。内装は、シルビアが担当した。パープル・ホワイト・グリーンを基調とし、巨大な壁画には、「自由の天使」が描かれ、「涙で種をまく者は喜びとともに刈り入れる」などの詩編を描いた。

また、「自由の天使」を絵柄につけたティー・セットをシルビアはデザインし、フル・セットを量産した。このセットを用いて会場で上流社会出身の女性が、娘たちと一緒に来館者に伝統的な作法で

シルビアがデザインしたWSPUのシンボルの1つ。WSPUの絵葉書を専門に入れるアルバムの表紙に使われたもの。ほかにも多様な印刷物に用いられた

シルビアがデザインしたティー・セット（筆者撮影）

会場でシルビアがデザインしたティー・セットでお茶を出す上流階級出身者

お茶を出した。ティー・セットの販売は、期間中会場で行われたが、後日は各地のWSPUショップでも販売されている。

　セットの大量販売は、シルビアが美術家としてプロであったことを物語っている。セットのデザインはシンプルで、ホワイトを基調とし、きわめて現代的だ。ポット・カップ・ソーサーの縁をグリーンで彩り、「自由の天使」像にはパープルが点《さ》している（セットは、二〇一四年二月に、ロンドンの美術館「テート・ブリテン」でも展示されていた）。

　エキシビション会場では、パネルなどで女性参政権運動の歴史を展示した。また、議会の様子を漫画風の人形を使って風刺劇場として展示した。さらには、ホロウェイ刑務所の女性独房を実物大で模作し、男性用の独房の模作と比較して刑務所内における女性差別を告発した。

　エキシビションには、ノルウェーの女性参政権運動グループと、

エキシビションを宣伝する鼓笛隊。鼓笛隊長はメアリー・リー

「国際参政権会議」も出展した。

さらには、「VOTES FOR WOMEN」のブランド商品各種を会場で販売した。

展示会の街頭案内とWSPUの広報を兼ねて、WSPUメンバーが鼓笛隊を編成し、ユニフォームを着てロンドン市内を行進した。鼓笛隊長は、首相官邸へ投石し逮捕・投獄されたメアリー・リーが務めた。鼓笛隊は、会場では、フランスの革命歌「ラ・マルセイエーズ」を演奏している。

期間中、大量のティー・セットやWSPUのブランド商品が買われ、寄付金も多く寄せられた。また、会場でWSPUのメンバーに加わった人々がかなりの人数に上った。

この一週間の企画で、販売利益や寄付金などの総額五五六四ポンドが、WSPUのキャンペーン資金に加えられた。

同年の英国の国民の名目平均年収は、七〇ポンド少々だ。したがって、WSPUは一週間のエキシビションで、名目平均年収の約七九倍を稼いだ計算になる。

最初の獄中ハンガー・ストライキ

「ウィミンズ・エキシビション」を成功裏に終えた翌月の六月二九日、アスキス首相がＷＳＰＵ代表団の面談を拒否し続ける状況に強い不満を抱いたメンバーが、ロンドン市内の官庁の窓ガラスを割って、一四人がそれぞれ一カ月間ホロウェイ刑務所へ送られた。

その翌月の七月には、メンバーの一人マリアン・ウォレス・ダンロップ（Marion Wallace Dunlop）が、投獄中の新しい闘争戦術として、初めてハンガー・ストライキに入った。

ダンロップは、スコットランド生まれで、「スレイド美術学校」（ロンドン大学のカレッジの一つ）を卒業し、「ロイヤル・アカデミー・オブ・アーツ」（王立芸術院）の年次美術展で、三回作品を展示した実績を持つプロの彫刻家・イラストレーターであった。

彼女は、ＷＳＰＵのメンバーになり、一九〇八年には、公務執行妨害で二回逮捕・投獄されている。一九〇九年六月下旬、彼女は国会議事堂内の大ホールで、「権利章典」が国民の請願権を明示している箇所を抜き出しホールの壁に書き示した。手書きではなく、謄写版印刷のようにステンシルを使って、次の一文を壁面数カ所に刷り込んだのだった。

It is the right of the subjects to petition the king, and all commitments and prosecutions for such

petitioning are illegal.
（国王に請願するのは臣民の権利であり、そのような請願を理由とするいかなる拘禁や訴追も違法である。）

この事件で投獄一カ月の刑罰を受け、ホロウェイ刑務所へ到着した七月五日、ダンロップは、刑務所所長に申立てを行っている。彼女は、自分は物件に傷をつけた犯罪人ではなく、政治的抵抗行為で投獄された「政治囚」であると主張した。そして、「政治囚」と認定して、刑務所は彼女を「政治囚」の身分で収監すべきと迫った。加えて、「政治囚」扱いを受けるまで、刑務所内でハンガー・ストライキ（ハンスト）を行う決意を表明したのだ。

ダンロップは、国会議事堂の内壁を汚した事実は認め、「投獄一カ月」という刑罰自体には反論していない。ハンガー・ストライキは投獄への抗議ではなく、政治的抵抗行為を、単なる器物損壊行為として扱う当局への抗議であった。

WSPUの獄中ハンガー・ストライキ・メダル。獄中でハンガー・ストライキを行ったWSPUメンバーの「勇気を称える」メダル。個人名が刻まれている

彼女は、九一時間連続して食事を拒否し病気になって、七月一四日に、刑期を満了することなく釈放された。

このハンガー・ストライキもまた、ＷＳＰＵが組織決定した闘争戦術ではなかった。ハンガー・ストライキという抵抗・抗議は、帝政ロシアではすでに「政治囚」が行っていた。しかし、英国では当時、政治闘争

の手段にはなっていなかった。

ハンガー・ストライキは、ダンロップの自由意思で始まったものであった。ハンガー・ストライキがＷＳＰＵの戦術としてメンバーの協議のすえ正式に採用されたり、推奨されたりしたことは、一度としてなかった。しかし、多くの女性たちが獄中で、ダンロップとは比較にならない長期間にわたって食事を拒否するようになった。

ハンガー・ストライキ中に生死の境界を彷徨《さまよ》って、獄中で自殺を試みた女性も出ている。獄中で病気に陥り、出獄後も完治することなく短命に終わった女性もかなりいたと記録に残る。

ダンロップのハンガー・ストライキは、当時の著名人と呼ばれる女性たちの生き方や政治闘争とのかかわり方をよく表している。

前述のハーバートン子爵夫人もそうであったが、当時の多くの著名人が、ＷＳＰＵの政治目的と闘争戦術に共感を示していた。しかし、彼女たちは、言葉で闘争を支持しているのみではなかった。ＷＳＰＵ支持声明を出したり、集会で挨拶や応援演説などをしたのではない。彼女たちは、社会では著名であったが、ＷＳＰＵの闘争では肩を並べる同志であった。メンバーと一緒に闘争の第一線へ出かけて、警官の暴行を受け逮捕・投獄されて、闘争の一員として、多くの女性とともにみずからも心身傷つきながら闘い続けたのである。

監獄ブローチ。シルビアのデザイン。英国議会下院（庶民院）のシンボルである「落とし格子門」の上にWSPUのパープル・ホワイト・グリーンの「矢」をおいている。投獄されて出所した女性に与えられた

強制摂食という拷問

「強制摂食」（forcible feeding あるいは force-feeding）とは、動物や人間に強制的に食物を摂《と》らせることである。医学上の必要から行う場合と、人間の意志に反して強制する場合とがある。

英国の場合、精神疾患の患者などが食事を拒否した場合、医学上の必要性から口または鼻腔からゴム管を通し、食道を経由して胃の中に食物を流し入れる処置が施されていた。

これと同じ処置が、一九〇九年九月から、投獄中にハンガー・ストライキに入ったサフラジェットに対して、彼女たちの強固な意志に反して強行された。

政府は、サフラジェットに対する強制摂食を、「病院の処置」と表現して正当化し強行した。しかし、多くの医師は、強制摂食は死をもたらす危険があり、過去に死亡ケースが出ていたため、強制摂食の強行に対して反対した。心臓や肺の機能が弱い患者への強制摂食は、特に危険であった。ショック死や内臓機能障害を誘発することがあったのだ。また、精神的にもきわめて強い苦痛を与えるため、自殺者も出ていた。

医学界では、医学的必要性からやむをえなく行う場合においても、十分な知識と経験がない者が行うと、重病の原因を作ったり死をもたらす危険性がある点が強調されていた。

異なる視点からの批判もあった。政治闘争の一環としてハンガー・ストライキに入っている女性の強固な意志に反して強行するのは、精神的にも肉体的にも残虐で非人道的な行為であり、実質上拷問に相当するとの意見が、医学界にも一般社会にも広く存在した。

サフラジェットで最初に強制摂食を強行されたのは、メアリー・リーと彼女の同志三名であった。リーは、首相官邸に最初に投石した女性であり、すでに繰り返し投獄されていた。

このときリーたちが投獄されていたのは、バーミンガムで行われた自由党の大集会を妨害したからであった。

集会当日、アスキス首相は、臨時列車でロンドンからバーミンガムへ移動した。鉄道駅から会場への通路約八〇〇メートル間は、騎馬警官隊と徒歩警官が防壁となって守った。

集会への参加は、チケットを事前に入手した者のみが許された。会場への道には四重のバリケードを設けて入場者をチェックした。四重のチェックで入場を許可された者が、警官隊が壁となっている狭い通路を通って会場の入口へたどり着くという、常軌を逸したレベルの警備態勢が布《し》かれた。

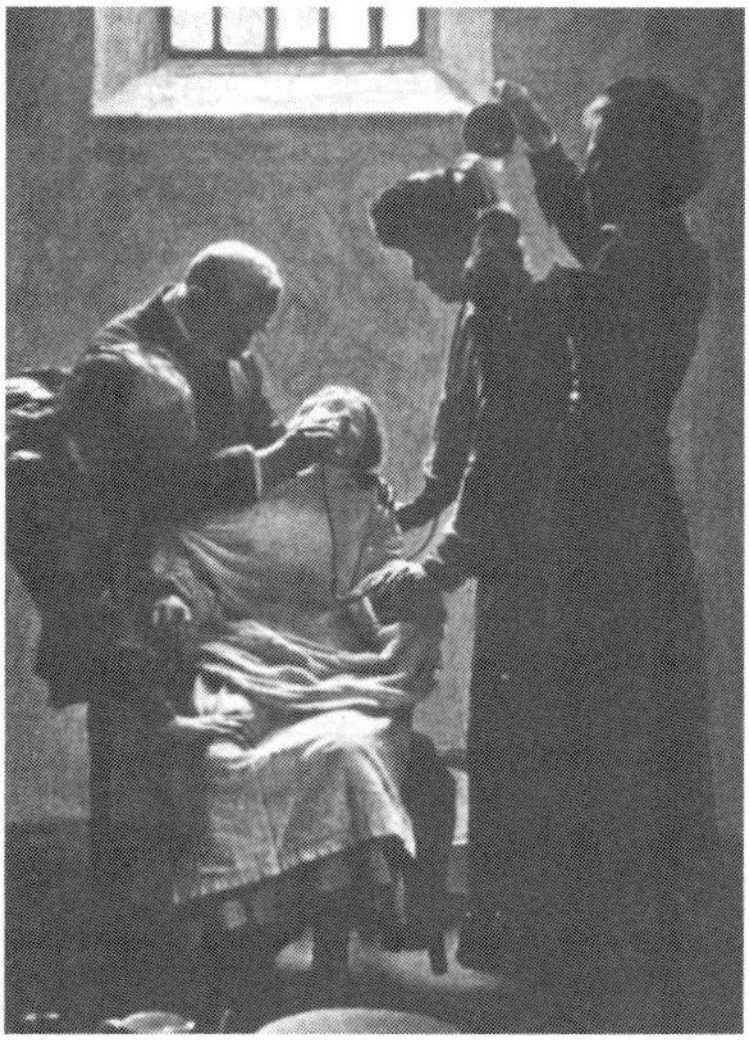
強制摂食の様子（Wikipediaより）

四重のバリケードを破ろうとして、サフラジェットと警官隊の争いになった。手斧を使って第一バリケードを突破する女性もいた。しかし、その先で逮捕されると、逮捕者を別のサフラジェットと一般の支持者が奪還した。さらにそれを警官が再逮捕するという形で、女性の突破と警官による逮捕が繰り返された。この騒動が続く中で、最終的に数名の女性逮捕者が出た。

アスキス首相の演壇での演説中に、演説会場の隣の建物から会場の窓ガラスを投石で破り、大声で自由党批判を行ったWSPUの女性二人も逮捕された。

リーとシャーロット・マーシュ（Charlotte Marsh）は、演説会場の隣家の屋根に上り、スレート（屋根を葺《ふ》いている粘板岩の薄板）を手斧で剝ぎとって、会場の建物へ投げつけた。警官は、会場の保安のために動員されていた消防隊に、放水で屋根の上の二人を下ろすように指示したが、消防隊は女性が危険に晒されると判断して拒否した。すると警官が消防車を操作して放水を強行した。

リーとマーシュは屋根の上でずぶ濡れになったが、スレートの投石を続けた。警官隊は、放水では阻止できないとわかると、レンガや小石を女性二人に投げつけ始めた。この攻防がしばらく続き、二人は顔面や体から血を流しながら降伏した。

バーミンガムの刑務所で、彼女たちは、ハンガー・ストライキに入っていた。その彼女たちが、WSPUの運動史上初の強制摂食を体験することになる。

獄中の強制摂食は、三人前後の女性看守と医師二人からなるグループで通常行われた。

リーは女性看守によってベッドの上に全身を押さえ込まれた。一人の医師は、リーの鼻腔からゴム管を無理やり胃の中まで挿し通した。ゴム管の反対側をもう一人の医師が椅子の上に立って高く掲げ、その先に漏斗をとりつけて流動食を流し込んだ。流動食は生卵とミルクが一般だった。

リーの鼻腔と胸と胃に激痛が走る。両耳の鼓膜が破れたように痛みだした。激しい頭痛に襲われ精神が錯乱した。

リーとマーシュが最初に体験した激痛を伴う屈辱的な強制摂食を、その後、多くのサフラジェットが、繰り返し強いられることになる。

シルビア・パンクハーストの最初の強制摂食では、四人の女性がシルビアをベッドに押しつけて動けなくしている。医師の一人は、リーの場合と同様に、流動食を流し込む役割で、もう一人は、鼻腔ではなく口からゴム管を通している。シルビアが口を固く結んで拒否し続けると、無理やり唇を広げて、歯のかすかな隙間から金属製の特殊な器具を挿し込んで、機械的に顎を開かせている。

口から出血し、嘔吐をもよおし、ときには失神するのを無視して、シルビアの場合は一日に二回強制された（ほかには一日三回のケースもあった）。一カ月以上続くと、肉体の苦痛に加えて、精神状態が異常になりつつあるのを実感したという。

シルビアの同志で、同じ時期にホロウェイ刑務所に収監され強制摂食を繰り返された女性は、自殺を試みて手首の皮膚を小物で切り開いた。しかし、極度に衰弱し精神も朦朧《もうろう》としていて、皮膚を切り開いたものの、手首の血管を引きちぎる体力がなく、独房の床に倒れていた。

女優で活動家だったキティー・マリアン（Kitty Marion）は、投獄中を通して病気気味だったが、合計二三二回強制摂食を体験している。首吊りを試みたり、ガス灯の火で放火し焼死も試みている（The Manchester Guardian, 17 April 1914）。

サフラジェットへの強制摂食は、一九〇九年秋に始まった直後から社会で批判を受けたが、政府は中止しなかった。批判には、医学界の権威も含まれている。

「マンチェスター・ガーディアン」紙は、一九一二年八月に、世界的権威のある医学専門誌「ランセット」（The Lancet）に掲載された記事を紹介している。記事の見出しは、「強制摂食」「女性四人一〇二例に関する医学報告書」「拷問と批判」であった（The Manchester Guardian, 24 August 1912）。

変装し獄中体験を試みた貴族

ＷＳＰＵの闘争の中で、当局が、女性差別に加えて、人間を出身階級によっても露骨に差別している状況が次第に明らかになりつつあった。

女性であるという唯一の理由で、社会で仕事をして納税している女性に投票権が与えられないのは、明白な女性差別だった。その差別に反対し、女性参政権を求めて請願行動に出た女性が、公務執行妨害罪などの名目で逮捕された。男性であれば当然の権利行使として認められる請願活動が、政府と対峙する姿勢を持って行動するＷＰＳＵには実質上認められなかったのだ。さらには、男性の行為であれば、政治的抵抗と見做《みな》される行為が、女性の場合は、単なる犯罪行為として扱われた。

これらの何重もの女性差別に加えて、投獄された労働者階級の女性は、上流階級の女性と比較して、刑務所生活で不当に差別扱いされていた。この事実を、みずからの体験で立証し、社会に訴えようと試みた貴族階級出身のＷＳＰＵのメンバーが現れた。

コンスタンス・ジョージーナ・リットン（Constance Georgina Lytton）は、ビクトリア時代にインドの総督を務めた初代リットン伯爵の娘だ。コンスタンスは典型的な貴族階級出身の女性だった。ウィーンで生まれ、父の勤務地インドで一一年間幼少期を送っている。母親は、ビクトリア女王の侍女であった。

アニー・ケニー（左）、コンスタンス・リットン（中央）、財政担当のエメリン・ペシック＝ローレンス（右）

彼女の弟には、後述の国会の「調停委員会」委員長を、一九一〇年から務めることになる第二代リットン伯爵がいた。後年、伯爵は、国際連盟から「満州事変」（一九三一年九月）の調査に派遣された調査団の団長を務め、「リットン報告書」を作成して近代史に残ることになる大物である。彼女は、社会的には「レディ・コンスタンス」と呼ばれる身分で、リットン家は、英国の貴族・統治階級に属する典型的な一家であった。

コンスタンスは、当初WSPUの戦術に懐疑的であったが、次第にWSPUへの理解と共感を深め、一九〇八年末にメンバーになった。その翌年の二月二四日には、国会へのデモ行進に参加して逮捕され、ホロウェイ刑務所に投獄された。

彼女は、投獄中に自分の心臓の真上にあたる胸の肌に、自分のヘアピンの装飾の欠片を使って「V」の字を切り刻んだ。「VOTES FOR WOMEN」の「V」である。

彼女が入獄して間もなくすると、刑務所側が、囚人の身分が元インド総督の娘で、貴族の一員である事実に気がついた。その結果、彼女を直ちに釈放した。釈放の理由には、彼女が心臓病を患っていた事実もあって、ハンガー・ストライキに入って命を落とした場合、大事件になるとの政治的配慮があったというのが定説だ。

コンスタンスは、自分が貴族階級出身であるために特別扱いを受けた事実に怒りを感じ、政府の囚人に対するダブルスタンダードを暴露するため、一九一一年に典型的な労働者階級の女性を装ってリバプールへ出かけた。

リバプールでは刑務所の前でデモを行って逮捕されたが、その際に警察署で偽名「ジェーン・ウォートン」を使い、職業を裁縫婦と偽った。身にはみすぼらしい労働者の衣服をまとっていた。

彼女は二週間の投獄刑を言い渡されたが、投獄された直後からハンガー・ストライキに入り、強制摂食を八回受けた。その直後、刑務所側が彼女の身分に気がつき、彼女はすぐに釈放された。

後日、刑務所側は彼女の心臓病を釈放の理由として使ったが、彼女の著書によれば、彼女はリバプールの刑務所で健康チェックをいっさい受けていない。

彼女が受けた強制摂食の回数は限られていたが、獄中体験以降、心臓病が悪化し、翌年には脳溢血で半身不随となった。しかし、一九一四年には、「刑務所と囚人たち――コンスタンス・リットンとジェーン・ウォートンのいくつかの個人的体験」を著し、刑務所内で労働者階級出身の女性が、労働者階級出身であるがゆえに不当に差別されている実態を告発している。

女性参政権調停法案

各地の刑務所におけるハンガー・ストライキと、強制摂食にも屈しない闘いは、WSPUへの同情・支持を社会的に広げた。一九〇九年秋、強制摂食が報道で社会に知られた直後の三日間のみで、WSPUへ一二〇〇ポンド（国民の名目平均年収の約一七倍）の支援金が集まったのも、その証であった。WSPUメンバーの獄中闘争は、その報道によって女性参政権問題の重要性と緊急性を社会で浮き彫りにし、自由党政権も野党各党ももはや無視できない状況をもたらした。

一九一〇年二月、議会に各党代表者から構成される「コンシリエーション・コミッティー」（Conciliation Committee＝調停委員会）を設立し、その委員会で女性にも参政権を与える法案を起草する決定が行われた。

委員会の構成は、自由党二五人、保守党一七人、アイルランド自治党六人、労働党六人で、大きな委員会であった。

調停委員会の設立に応えて、WSPUは「truce」（休戦・停戦）に入り、戦闘的な行動は一時中止し、活動は穏健なものに限定する決定を行った。政府と議会に立法のチャンスを与えて、進展を見守るためであった。

「コンシリエーション・ビル」（Conciliation Bill＝調停法案）は、政府提出法案ではなく、形式上は、労働党の一議員の議員立法であった。それを調停委員会が支持する形で議会へ提出される計画であった。

「コンシリエーション」（調停・和解）の名が示すように、法案は、女性参政権付与に関して、政治家の間に存在するきわめて多様な意見を一通り暫定的に調整し、妥協点を組み合わせて編み出された。換言すると、法案は超党派の委員会で作成されたものの、政党間の合意は、法案をともかく作成するという一点に留まり、様々な理由で賛否両論が渦巻く中で、とりあえず法案の形を整えた程度の内容であった。

意見の相違は、政党間に見られるだけではなく、自由党にせよ保守党にせよ、党内に強固に対立する意見があった。また、「反対意見」にも多様な反対意見があり、女性に付与すること自体に反対する者から、付与には賛成だが、付与の対象となる女性を制限する条件が不適切だから反対する者など、反対も一色ではなかった。

法案は、女性世帯主と年間に一〇ポンド以上支払ってビジネス施設を使用している女性に投票権を与えるという内容で、法案が通った場合、およそ一〇〇万人の女性が投票権を得ると推計されていた。法案の内容はきわめて不十分なものであった。男性の場合、三回の選挙法改正によって、一八八四年には、約五五〇万人が投票権を得ていた。しかし、WSPUも、そのほかの大小の参政権運動グループの多くも、法案を支持した。不完全であるのは明白だが、歴史上の第一歩と受け止めたのである。

法案は、一九一〇年六月一四日に、下院へ提出された。

下院提出法案は社会で広く支持され、政治関連組織に加えて、医師、作家、聖職者、美術家、音楽家、社会福祉関係者、女優などのグループ・組織が支持声明を出した。

法案提出四日後の六月一八日、WSPUは、法案支持を広く表明するため、国内・海外の女性参政権運動組織とともに、共同のデモ大行進とRAHでの大集会を行った。WSPUの迅速な対応は、調停委員会の動向をWSPUが注視し、「休戦中」でも平和的な闘争は休止することなく、組織の「応戦態勢」を整えていた状況を示している。

大行進の先頭は、白色のドレスを着て、長い銀色の竿を掲げた六一七人の女性だ。竿の頂点には、大きな銀色の矢が取りつけられていた。六一七人というのは、集会までに女性参政権運動で投獄された女性の数に合わせたものである。行進終了後にRAHで集会を開いたが、会場は満杯になり、デモ行進者の多くが入れなかった。

七月一一日と一二日に法案の一般的な審議が行われた。

三九人の賛否両論の発言の後に、法案をこの先もさらに審議し修正を行っていくか否かに関する投票が行われた。次の審議段階へ送るのに賛成が二九九票、反対が一九〇票で、審議継続が決定した。各種法案審議の歴史上、稀に見る大差であった。

次の段階は、法案の内容を詳細に検討し、修正事項などを提案し合う委員会審議である。この審議を行うのは通常、特別小委員会である。しかし、議員の中から、詳細検討は、全国会議員の誰もが発言を許される「下院全体委員会」(Committee of the Whole House)で行うべきだとの異論が出て、採決された。

結果は、「下院全体委員会」での審議賛成三二〇票、反対一七五票であった。

法案の詳細審議を「下院全体委員会」で行う議決は、法案を会期内に通そうとしている議員にとっては危険な決定であった。法案に反対する議員が反対作戦で意図的に次から次と修正事項を要求する

アスキス首相との面談に代表団を派遣することを伝える街頭宣伝

と、会期内での審議時間がなくなり、廃案に追い込まれるからである。特に、この会期は、五月の国王の死、自由党と保守党の対立、上院の改革問題の混乱などがあり、残された審議時間が限られつつあった。

ＷＳＰＵは、法案を廃案に追い込ませないために、調停委員会議員や女性参政権を支持する男性組織にも呼びかけて、七月一七日にハイド・パークで合同集会を開いた。

続いて、六日後の七月二三日には、ハイド・パークの大区域（八〇〇メートル四方）に四〇の演説ステージを仮設して、他団体にも呼びかけて大集会を開催した。そして、ロンドン中心の東西からハイド・パークへ向かう二つの大行進を企画した。

「サフラジスト」たちも、トラファルガー・スクエアで集会を開催した。

しかし、ハイド・パークで大集会が開催されたまさにその日に、アスキス首相は会期中には調停法案を委員会で審議しない決定を下し、議会関係者に通告した。

ＷＳＰＵは、秋期国会ではかならず審議させなければと考えた。法案の委員会審議を早急に求めたのは、ＷＳＰＵに限定されなかった。マンチェスター、リバプール、ブラッドフォード、ノッティンガム、グラスゴー、ダブリンなどの合計三八の地方自治体が、法案の委員会審議を促す地方議会決議を国会へ送った。

しかし、アスキス首相は、一〇月二七日に地方での遊説中に、一九一〇年には法案を審議しない意向である旨を公にした。演説の聴衆から翌年一一年の審議可能性について問われると、首相はイエスともノーとも答えず、「今はわからない」「成り行きを見る」といった態度だった。立法への前向きな姿勢はまったく見られなかった。

WSPU幹部は、「休戦」状態に終止符を打たなければならなくなったと判断した。

「ブラック・フライデー」

アスキス首相が、調停法案の継続審議を当面放棄する意向を公にした二週間後の、一九一〇年一一月一〇日に、WSPUは、RAHで再度大集会を開いた。

集会を開いたのは、WSPUの多くのメンバーの間に「もはや休戦を維持できない」「闘いを再開すべきだ」との感情と考えが高まり、戦闘的な闘争を再開するか否かの決を採るためであった。

パンクハースト夫人は、国会へ再度出かけていき、継続審議を訴えるべきだと確信していた。しかし、彼女は、WSPUメンバーに彼女と行動をともにするよう指示はしなかった。冷厳な現実を十分認識していたからである。

国会へ陳情に出かけて逮捕・投獄されたWSPUの多くの女性がいる事実を考えると、再度国会へ出かけていくには、投獄はもちろん怪我や最悪の事態も覚悟しなければならないことを、夫人も会場の女性たちも十分承知していた。

そこでパンクハースト夫人は、採決の前に、国会への陳情は彼女単独でも出かける意向を表明した。すると、彼女と一緒に出かけると申し出る女性が次から次と声を上げた。

当時、パンクハースト夫人への信頼と、WSPUの活動への社会からの支持は、ますます高まっていた。会場では、財政担当のペシック=ローレンス夫人が、今回のキャンペーンへの寄付を募っている。そこで集まった支援金は、翌週発行のWSPUの機関紙によれば、九〇〇〇ポンドである。その年の英国の国民の名目平均年収の一二六倍以上だ。

秋期国会が、一一月一八日（金曜日）に開かれた。開会式で、首相は同月二八日に国会を休会にする決定を発表した。これは実質上、同年における調停法案審議の放棄を意味した。

国会内の状況を把握したWSPU幹部は、アスキス首相が国会内で演説している最中に行動を開始する決定を下した。キャクストン・ホールとWSPU本部の二カ所に待機していた代表団を国会議事堂に向かって出発させた。

「代表団」と表現されたが、陳情団は一つではなかった。警察に王政復古時代の理不尽な規則を持ち出されて弾圧されないように、一グループの人数を一二人に満たないように編成し、数分の間隔をおいてグループが一つずつ順次出発することにした。参加女性の総数はおよそ四五〇人であった。

小さいグループに分かれた多くの陳情団が、国会議事堂周辺へ順次集まりだした。警官隊は、国会議事堂入口へ通じる道や、議事堂前のパーラメント・スクエアに加えて、ビッグ・ベン周辺までびっしりと警備していた。

このような状況下で女性たちが議事堂入口へ向かって進めば、警官隊との衝突は必然であった。警官隊が作る人間の壁に女性がぶつかる。警官隊が女性たちを押し返す。しかし、女性たちは怯《ひる》むことなく、警官隊の壁を突破しようと再度試みる。この二回目の突破を試みた段階で、女性たちは警官に逮捕される。これが従来の衝突パターンであった。

しかし、今回は状況がまったく異なっていた。警官隊は、女性を通過させることも、女性を逮捕することもなしに、無防備な女性たちに殴る蹴るなどの暴行を加えだしたのだ。

この事件は、「ブラック・フライデー」として一〇〇年後にも語り継がれる、警官による残虐な暴行・傷害事件となった。

その様子は、翌日一九日に、「デイリー・ミラー」紙が報道している。また、WSPU関係者の後年の著作にも詳述されている。さらには事件後に、国会の「調停委員会」が、多くの証言を含む「覚書——警察の女性代表団の取り扱い」として事件記録を内務省へ提出している。

これらの記録に使われた用語を用いて事件を再現すると、概要は次のようになる。

女性が警官と衝突すると、警官は女性の髪を引っ張って捕まえて、女性を数メートル先へ投げ飛ばした。女性が地面へ倒れ落ちると、別の警官がその女性をまた別の警官へと投げ飛ばした。女性が再び地面に落ちると、さらに別の警官が同じように女性を投げ飛ばした。こうして繰り返される行為の間に、女性は顔面や体の各所を殴られたり、膝を蹴られたりもしている。また、「デイリー・ミラー」の報道写真によれば、路上に倒れている女性を警官が踏みつけている。

かなりの数に上る女性が、人目につきにくい路地裏で警官に背中を繰り返し殴られ、神経が麻痺して歩行困難をきたしている。建物の壁や街灯の支柱に投げつけられて、歯を折った女性も出ている。

このような暴行を受けた証人の陳述によれば、暴行が続いた時間は、「for hours」と表現されている。「何時間もの間」である。また、パンクハースト夫人は「五時間近く」(nearly five hours)と表現している。これらの数字は、一人の女性が連続して暴行を受けた時間ではなく、警官の女性たちへの暴力行使が始まって終わるまでの時間である。

このような形の暴力行為に加えて、警官の多くが公然と、性的暴行や卑猥な暴行を加えた。

女性Aは、制服と私服の警官に、体の後ろから両手で乳房を鷲摑《わしづか》みされた。警官が次から次と同じように乳房を握りしめて公衆に見せつけ、女性Aを群衆の中へ突き飛ばすと、群衆の中の男たちが同じ猥褻《わいせつ》行為を働いた。女性Aは、強度の胸の痛みが続き、三日後に乳房の皮下出血で医師の治療を受けている。

女性Bも、女性Aや多くの女性同様に胸部に猥褻行為を受け、ドレスの裾をめくりあげられた。そして、警官は、彼女の両足の間に自分の片膝を挿し込み、女性を高く宙へ蹴り飛ばした。彼女が地面に落ちると彼女の体を捕まえて、「好きなようにせよ」と卑猥な声で群衆に向かって叫び、彼女を群衆へと突き飛ばした。

ドレスの裾をめくられたのみでなく、下着を乱された女性も出ている。

「覚書――警察の女性代表団の取り扱い」には、一五〇人のWSPUの被害者証言が記録されているが、そのうち二九人が、警官隊の性的暴行について証言している。

「違法ならば逮捕せよ！　合法ならば手を出すな！」とのWSPUの叫びを無視し、警官は長時間にわたって無防備の女性に暴力を加え続け、多くの女性を負傷させた。五時間近く経って警官はようやく女性たちを逮捕した。「ブラック・フライデー」で、一一五人の傷だらけの女性と四人の男性が逮捕されている（資料によっては、女性逮捕者は一二〇人）。

今回も逮捕者は翌日、警察裁判所で裁判にかけられた。しかし、全員がその日に釈放となった。「ブラック・フライデー」の当日、負傷者はたくさん出たものの、死者は出なかった。しかし、この日に受けた暴行・傷害から心臓病などを患い、身体的・肉体的打撃から回復できず、パンクハースト夫人の妹のメアリーが、クリスマスの日に死亡した。翌年の年明け一月二日と、一二月二一日にも、闘争後倒れたまま回復することなく他界した女性がいた。

「ブラック・フライデー」を報じた「デイリー・ミラー」

警官隊が無防備な女性に対して、卑猥な暴言を浴びせつつ、残虐かつ性的な暴力を加えた日に、内務大臣の地位に就いていたのは、ウィンストン・チャーチルであった。

チャーチルは、WSPUの金曜日の請願行動に先立ち、その現場の写真撮影と報道を禁止して、新聞社などに事前通告している。

「権利章典」が認める国民の請願活動の写真撮影と、その報道を事前に禁止するという内務大臣の行為は、警察が国民には知られたくない弾圧計画を持っていた事実を示唆している。また、警官隊の当日の行動計画を、内務大臣を含む国家権力の最高部が認識し承認していた状況も推測できる。あるいは、政権幹部の意向に沿って、警官隊が暴力行使をした可能性も考えられる。

いずれにせよ、当日の警官隊の行動は、デモの規制や治安の維持ではなかった。また、請願権の蹂躙《じゅうりん》という政治的自由に関するだけの問題でもなかった。警官隊の行動目的は、WSPUのメンバーに肉体的・精神的攻撃を長時間にわたって加えることにあった。彼女たちの合法的な政治活動を、国会議事堂前で法に反して暴力で「懲罰」し、彼女たちを痛めつけることによって、彼女たちが再び行動を起こさないように恫喝する、残虐なものであった。

常識を逸脱した当局の違法・暴力行為を、内務大臣チャーチルの命令を無視して撮影し、証拠写真を添えて報道したのが、「デイリー・ミラー」紙であった。

一九一〇年の「デイリー・ミラー」紙の発行部数は、六三万部である。体制側の高級紙「タイムズ」が四万五〇〇〇部、左派系高級紙の「マンチェスター・ガーディアン」が四万部であった。これらのほかに、九〇万部、八〇万部、七五万部、四〇万部発行している全国紙もあったが、一面に写真を入れて大々的に報道したのは、「デイリー・ミラー」のみだった。

政府の命令と意向を無視して、「デイリー・ミラー」が勇敢な報道を行った結果、警官隊の暴行に関して、当局の説明でもなく、被害者の描写でもない、中立・客観性の高い事件の実像が記録され、事件の残虐性をビジュアルに伝えている（The Daily Mirror, 19 November 1910）。

一枚の写真は、路上に倒れているひ弱な女性を、制服と私服の警官が取り囲み、制服警官の一人が女性を踏みつけている。警官の目的が逮捕ではなく、女性に苦痛を与えることであった証である。

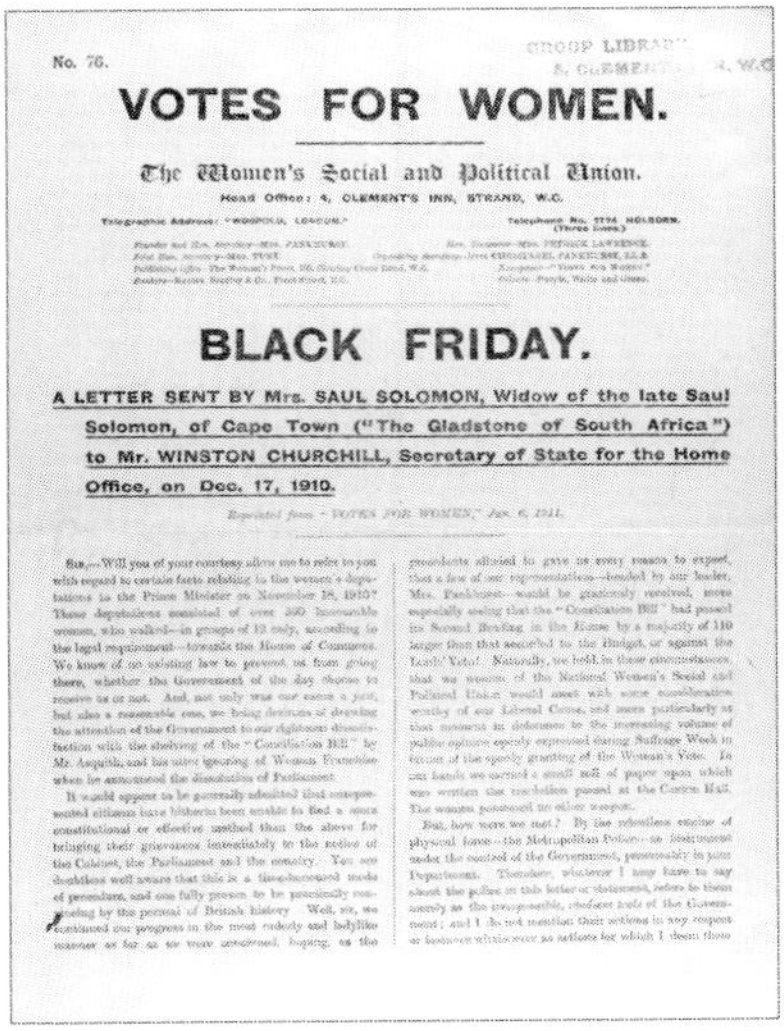

No. 76.

GROOP LIBRAR
& CLEMENT... W.C

VOTES FOR WOMEN.

The Women's Social and Political Union.

Head Office: 4, CLEMENT'S INN, STRAND, W.C.

BLACK FRIDAY.

A LETTER SENT BY Mrs. SAUL SOLOMON, Widow of the late Saul Solomon, of Cape Town ("The Gladstone of South Africa") to Mr. WINSTON CHURCHILL, Secretary of State for the Home Office, on Dec. 17, 1910.

「ブラック・フライデー」に関してチャーチル内務大臣に抗議する手紙を掲載した機関紙「VOTES FOR WOMEN」

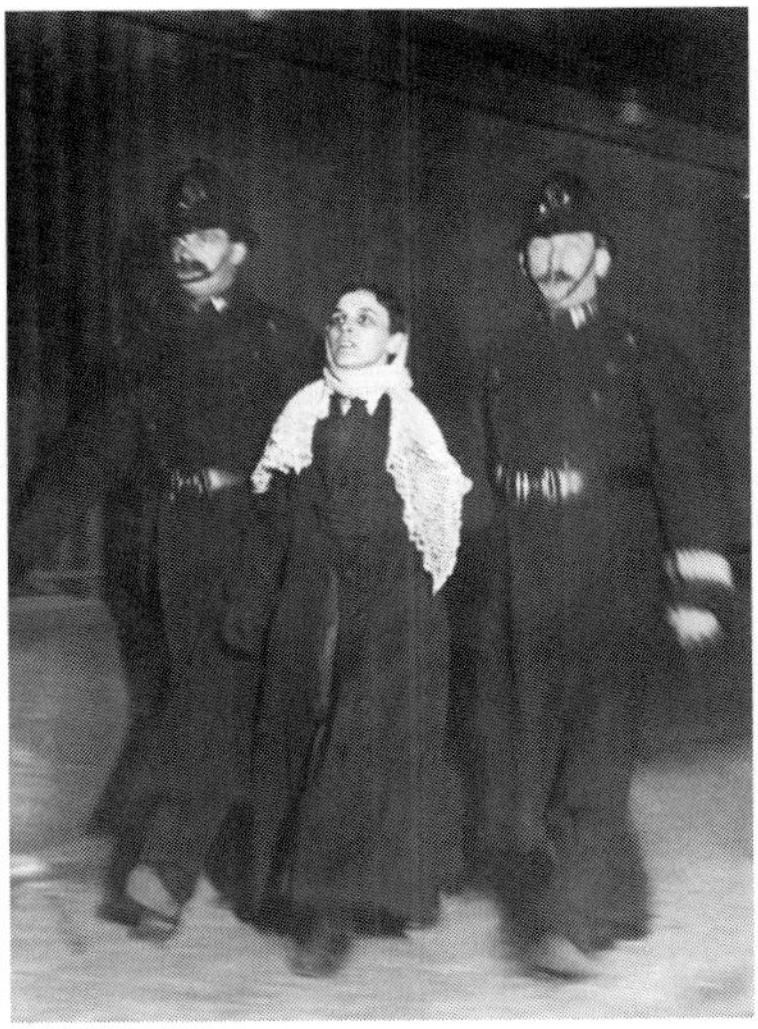

「ブラック・フライデー」で逮捕された女性の１人

事件当日の様子は、当局の現場撮影や、誰かが内務大臣の命令を無視して撮影した写真によっても、今日窺《うかが》い知ることができるが、顕著な点の一つが、当局が多くの私服警官を動員していた事実である。場所によっては、制服四人・私服三人の割合である。暴力行使が警官のみで行われたものでないかのように装う準備を、事前にしていたに違いない。

女性に対する性的暴行の写真はない。しかし、大柄な警官と平均的な女性像を考えると、警官の行為の残虐性と猥褻《わいせつ》さが浮き彫りになる。

諸般の資料を調べると、当時の二〇歳の男女の平均身長は、五フィート・六インチ（一六七・六センチメートル）だ。対して、ロンドンの警官に要求された「最低身長」は、五フィート・一〇インチ（一七七・八センチメートル）である。警官は全員が最低これだけの身長だった。多くの写真が、警官の肩や脇にさえ届かない背丈のひ弱な女性が、警官から暴行を受けている姿を捉えている。

闘争継続――一週間に一六〇人逮捕

「ブラック・フライデー」は、警官隊が数百人の女性に残虐な暴行を加えて、彼女たちの肉体と精神に深い傷を負わせ、WSPUメンバーと社会に衝撃を与えた。そして、事件の翌月にはパンクハースト夫人の妹のメアリー、翌年には二人の女性が、この日の警官の組織的暴行で死に追いやられている。

しかし、WSPUメンバーは、決して怯《ひる》まなかった。女性たちは、「ブラック・フライデー」の四日後には、さらなる戦闘的行動に出ている。

事件の翌週火曜日に、WSPUは、事件後の闘争方針を協議するため「ウィミンズ・パーラメント」をキャクストン・ホールで開催した。

彼女たちは、翌月一二月に予定されている総選挙の動静と選挙後の政局を論じた。アスキス首相の一連の発言を詳細に分析すると、重大な問題は、自由党が総選挙後に再び政権に就いても、アスキス首相が調停法案を継続審議すると明確に公約していない状況であった。

調停法案の継続審議を迫るため、パンクハースト夫人たちは一団となって、キャクストン・ホールから首相官邸へ直行した。どの道を歩いても一・二キロメートル程度の距離である。

首相官邸の警備は、女性が到着した際には、少人数の警官のみで行われていた。女性たちは一斉に警官の阻止を突破し官邸内に入ろうとした。しかし、官邸側が迅速に多くの警官を呼び寄せたため、官邸内への進入は実現しなかった。

不意を突かれたアスキス首相は、タクシーで逃走しようとした。それを目がけて、誰かが投石し、タクシーの窓の一つが壊された。官邸にいたもう一人の政治家もタクシーで逃げ去ったが、急いで乗車しようとした際に足首を怪我している。

要人が官邸を逃げ去った後、火曜日の夜から翌日水曜日にかけて、ＷＳＰＵのメンバーたちは、政治家の住まいや事務所に投石して窓ガラスを破壊した。被害を受けたのは、首相官邸と大蔵大臣官邸に加え、内務大臣のチャーチルなどの大物政治家の私邸が含まれた。

この一連の窓ガラス破壊事件は、一九〇八年六月に、メアリー・リーとイーディス・ニューが単発的に二人の発想で行った窓ガラス破壊と異なっていた。多くのＷＳＰＵのメンバーが、闘争の一手段に窓ガラス破壊を採用し、組織的に実行したものであった。しかし、この時点でも、窓ガラス破壊を組織の闘争戦術として正式に決定していた記録は見当たらない。

この破壊事件にかかわった女性に加えて、この一週間に合計一六〇人のＷＳＰＵのメンバーが逮捕された。しかし、一六〇人のうち、窓ガラス破壊以外の罪で逮捕された女性は、投獄刑を免れた。

政党本部を超えたＷＳＰＵ本部

逮捕者を次から次と出しながらも、ＷＳＰＵの組織は年々確実に成長し、一九一一年前後になると、英国の政界にもっとも影響力を与える組織に成長している。

設立当初は一部屋を借りて出発したロンドン本部であったが、事務室の部屋数は二一に増加し、全国政党のどの政党本部の事務室数より多くなったとの記述も見られる（Shirley Harrison著「Sylvia Pankhurst」）。最盛期の本部の組織体制と確固とした運営能力や、多彩な本部業務の様子は以下のようであった。

WSPU幹部の打ち合わせ

◆WSPUは、本部内すべての時計の時刻が完全に一致するよう、特別な装置を施している。本部の日常実務の遂行にあたって、部局間のやりとりで数分の時間の誤認が問題を生じるからである。

本部スタッフは、国会情勢を刻々と監視している。各部局のスタッフの時刻認識にわずかでも違いがあると、国会対策上効果的な対応ができなくなる。また、警察の動きを正確に把握し、時間的に厳密に計画して行動しないと、メンバーに危険が及ぶからである。彼女たちの活動は分単位の厳格さを必要としたのである。

◆電話の本部交換台に加えて、電信回線が三本引かれ、全国支部や海外との迅速な通信を日常的に行っている。

パンクハースト夫人自身が電信を有効に使っている。夫人は、一九一一年前後にアメリカ合衆国を合計三回

荷馬車を演壇として街頭演説するパンクハースト夫人。クリスタベルとともに

訪れて講演活動と闘争資金の調達活動を行っているが、彼女のアメリカからロンドン本部への指揮は、電信によって行われている。

電信は、警察の弾圧への対応にも活用されている。一例だが、WSPU本部は、米国から客船で帰国航路中のパンクハースト夫人を、客船がプリマス港に帰港した時点で警察が逮捕するとの情報を入手した。その直後にWSPU本部は、航海中の夫人に電信で警告している。

◆有給のスタッフは全国でわずか一一〇人であったが、多くの有能な女性がボランティアとして本部の日常業務にも加わり、厳格な要求を確実に満たして責務をこなしている。

◆WSPUは、寄付金を獲得する能力も年々高めている。

パンクハースト夫人は、一回のアメリカ講演で、英国国民の名目平均年収の六〇倍程度の寄付金を獲得した。加えて、そのアメリカでの講演活動を報告するロンドン集会で、名目年収の約一四〇人分の寄付を得ている。

WSPUのメンバー

◆闘争資金獲得は、出版活動でも行っている。

パンフレットの発行は、ＷＳＰＵ活動の普及と資金獲得の双方で重要であった。通常パンフレットは本部で大量に生産し、ＷＳＰＵのメンバーやボランティアに一定部数を配布した。それをサッカーやクリケットの試合会場や駅前で販売し、本部は収益を得ている。

出版物の年間売上金は、一九〇九年にすでに国民の名目平均年収の一二五倍を超えている。

機関紙「VOTES FOR WOMEN」の定期発行が重要な活動の一つであったが、それを安定して継続できるまでに、この時期に本部は成長している。

◆本部では、機関紙の記事執筆・編集や広告募集業務に加えて、印刷された機関紙をロンドン市内の販売店と全国各地へ発送している。また、街頭で立ち売りする多数の女性ボランティアへの配達手配も同時に行っている。

◆本部内では、全国各地で行われる活動の調整を行い、本部から派遣するスタッフの旅行手配や、提供する印刷物を編集し、外注以外に本部内でも大量に印刷している。

◆集会やデモ行進に関するビラや入場券・整理券の印刷、バナーやポスターなどの製作も担当している。

◆本部の業務には、他団体との共同活動の企画や調整も含まれている。

ＷＳＰＵの活動は、二〇世紀でもっとも成功した英国の社会運動の一つだ。その成功の背景には、全国政党の本部活動以上の活動をこなす能力・情熱・財政力を持ち合わせた女性集団が存在していたのである。

国勢調査——女性は人間の数に入れるな！

一九一一年のＷＳＰＵの活動は、一一月中旬までは、後述する「ウィミンズ・コロネーション」に代表される平和的なものに限られている。

同年四月二日、一〇年に一度の国勢調査が行われた。ＷＳＰＵはこの国勢調査を、女性差別の存在を訴える機会として、女性参政権運動の視点から国勢調査に協力しない決定を行った。

国勢調査は、この年から初めて戸主が同居者を代表して用紙に直接自分で記入する方法が採られた。国勢調査用紙を記入しなかった場合、五ポンドの罰金または一カ月間の投獄が科せられた。

ＷＳＰＵ以外にもいくつかの女性参政権運動組織が、この国勢調査を拒否し、記入しない決定を行った。

ＷＳＰＵの見解は、「国勢調査の基本は、国家が、どこの住所に人間が何人住んでいるか、人間を数えるものである。女性も人間である。しかし、女性は男性と異なって国政に関する投票権がない。

女性は一人の人間として扱われていないのである。したがって、私たちは、国家が私たちを数えるのを許さない。国勢調査では、女性は人間の数に入れるな！」であった。

WSPUの女性たちの多くが、四月二日の夜、国家に対して小さな抵抗をしている。女性たちがWSPUのメンバーの家に集まって一夜をすごし、国勢調査用紙に住所を記入し、「この住所には人間は住んでいない。多くの女性が住んでいるだけだ」と書いている。

ある女性は、男性召使の詳細を記入し、「ほかにたくさんの女性たち」と書いて、女性に関しては氏名・年齢などいっさい書いていない。

ホテルにグループで泊まってパーティーを開いたり、トラファルガー・スクエアで一夜を同志と楽しんで、調査用紙を完全に無視した者も多くいた。

ちょっと変わった行動に一人で出たのが、エミリー・デイビソン（Emily Davison）だ。

デイビソンは、国会議事堂の庶民院（下院）へ国勢調査日の前日に忍び込み、四六時間身を隠していた。というのは、逮捕されて警察や当局に彼女の住所を問われた場合、「国会議事堂庶民院」と答えるためであった。そして目論見通り、掃除器具庫に入っているところを議事堂清掃スタッフに発見され逮捕された。

彼女は、後述のように、国勢調査の二年後に女性参政権を国王に訴えようとして競馬場で出走馬に跳ねられ、その四日後に命を落とした女性だ。

国会議事堂庶民院のこの掃除器具庫に、彼女の名前に加えて「女性参政権のために勇敢な活動を行ったサフラジェット……」と、彼女を称える顕彰版が、議事堂関連規則に反して無断で取りつけられた。現在もそのまま残っている。

秘密裏に取りつけた人物が一九九九年に名乗り出た。労働党議長・エネルギー相・産業相などの要職を務め、英国で生涯反戦運動の先頭に立っていた、トニー・ベン（Tony Benn　一九二五〜二〇一四年）議員であった。彼は、庶民院議員として立候補するため、父親の死によって引き継いだ貴族の地位を放棄している。

新国王に訴えた「ウィミンズ・コロネーション」

一九一一年六月二二日、ウェストミンスター寺院で、新国王ジョージ五世の戴冠式（coronation＝コロネーション）が挙行された。

式典には六〇〇〇人が招待され、新国王夫妻の乗る黄金馬車を含む華やかな祝賀行進が、ウェストミンスター寺院からバッキンガム宮殿へと続いた。

ジョージ五世戴冠式に先立つ六月一七日（土曜日）に、WSPUは、女性参政権運動を行っている各種団体に参加を呼びかけて、「ウィミンズ・コロネーション」を企画した。「女性の戴冠式」である。目的は二つあった。

第一の目的は、アスキス首相に調停法案を完全に放棄させることなく、審議継続に向けて努力させるよう社会的・政治的圧力を加えることである。

第二の目的は、新国王に女性参政権運動の広範な高まりを示すことによって、ビクトリア女王以来女性参政権に反対だった王室の歴史の中で、新国王の考えを女性参政権賛成に変えることであった。

ＷＳＰＵの呼びかけに応えて、女性参政権運動の最大組織であった「女性参政権協会全国同盟」を含む、多彩な女性参政権運動組織が参加した。女性参政権を支持する男性組織も参加した。当日の報道写真によると、女優、芸術家、音楽家、体操教師などが職種ごとに組織している参政権運動グループも参加しているのが見てとれる。

「ウィミンズ・コロネーション」の案内リーフレット

この時代になると、多様な女性参政権グループが成立していて、ＷＳＰＵは他組織を大きなイベントに誘っている。「女優参政権同盟」（Actresses' Franchise League）も誘われた組織の一つだ。「女優」の名称を冠しているが、メンバーは女優に限定されていない。舞台関係者が広く加わる組織で、一九一一年にはメンバー数が五五〇人になっている。「女優参政権同盟」は、「女流作家参政権同盟」の姉妹組織として一九〇八年に、ＷＳＰＵメンバーによって設立されたものだ。

「ウィミンズ・コロネーション」は、テムズ川河畔のエンバンクメントから行進を開始する計画だった。しかし、行列が長くなり、テムズ川に沿って東へ伸び、イングランド銀行辺りまで行列後部は続いていた。

行列の行き先はＲＡＨで、主要地点を通過する行程は約八キロメートルだ。「世界史上最長の女性行列」と、ＲＡＨは表現している。ウェストミンスター寺院とバッキンガム宮殿の間（約二・五キロメートル）で挙行される、王室の典型的な祝賀行列などとは比べ物にならない長さであった。

「ウィミンズ・コロネーション」のデモ行進

「ウィミンズ・コロネーション」のデモ行進

TO WIN
FREEDOM
FOR
WOMEN

中央手前の背の高い女性は貴族のコンスタンス・リットン

行列の先頭には、馬に乗った「ドラモンド将軍」が立った。「将軍」と呼ばれた女性は、フローラ・ドラモンド（夫人）」だ。しかし、彼女はWSPUの活動には、軍服を模した衣服と制帽で、常に乗馬鞭を持って馬に乗って参加していたため、「将軍」「ドラモンド将軍」と呼ばれていたのである。彼女は、国会議事堂のテムズ川河畔のテラスで喫茶していた国会議員へ、蒸気船で近づいていって、ハイド・パークの大集会への参加を船上から呼びかけた女性だ。

「将軍」の直後には旗手が立ち、その直後は、ジャンヌ・ダルクを装った若い女性が白馬に乗って行進した。彼女は、頭部から足の先まで鎧《よろい》で身を固め、長い竿につけた旗を持っている。

ジャンヌ・ダルクは、WSPUの女性たちのアイドルであった。WSPUの印刷物のデザインの多くに、シルビア・パンクハーストが描いたジャンヌ・ダルク像が用いられている。彼女たちは、ジャンヌ・ダルクと自分たちの間に、共通の精神と力強さを見出していた。その姿を心に抱いて獄中の拷問を耐えたのであった。

行列には、スコットランド、アイルランド、ウェールズ、インドの民族衣装を身につけた地方別グループや、英国の歴史上の著名な女性に扮した「女性時代絵巻」グループも参加している。女性によるスコットランドのバグ・パイプ演奏隊をはじめとして、一〇〇近くの音楽バンドも加わった。

さらには、二頭立ての白馬が引く三階建てのフロート（巡行用山車）も加わり、各階に丈の長い白色ドレスを着た女性が数人ずつ立って長い槍を持っている。

全体のイメージは、大英帝国の繁栄と歴史を祝うものだ。反体制のメッセージは含まれていない。行列参加者は六万人を超え、バナーの総数は一〇〇〇本を超えた。行進ルートの通過地点の一つであったハイド・パーク・コーナーを全員が通過するのに、二時間半かかったと「デイリー・テレグラフ」紙の記者は現場で観察し報道している（The Daily Telegraph, 19 June 1911）。

行列は、午後五時三〇分から始まり、午後八時半からWSPUは、RAHで大集会を開いている。ゲスト・スピーカーは、一八八八年に酷使され搾取されている一〇代のマッチ女工について記事を出版し、女工のストライキ闘争を勝利に導いた中心人物の一人、アニー・ベザントであった。

会場は満杯になり、入場できない多くの参加者は、あらかじめ用意された周辺の会場で別途集会を開いている。

新国王ジョージ五世は、結局、女性参政権を支持することはなかった。

しかし、「ウィミンズ・コロネーション」によって王室の考えを変えようとしたWSPUは、ナイーブだったとは決して言えない。近代になっても、王室は政治に公式・非公式に影響を与えていた。そして、王室のメンバーの中には、社会・政治・経済問題について発言をする者や、新しい思想に深い関心を示す者が現れていたからである。

ＷＳＰＵの幹部が、王室のどのような史実を念頭において国王に訴えようとしていたのかは、定かではない。しかし、次のような過去のエピソードを知っていた可能性は十分考えられる。ビクトリア女王の夫であったアルバート公は、一八四〇年六月一日に、「奴隷貿易廃止ソサエティー」主催の講演会で、廃止運動を支持する力強い演説を行っている（英国内ではすでに廃止されていたが、廃止しない国々が世界に残っていた）。

また、ビクトリア女王の長女で、プロイセン王国国王の妻になったビクトリア（通称・ビッキー）は教養深く、新しい思想に知的好奇心を抱いていたことで知られていた。

彼女は、カール・マルクスの思想にも強い関心を示し、母国英国の政治家「マウントスチュアート・グラント・ダフ卿」（Sir Mountstuart Grant Duff）に、マルクス情報を求めている。

彼は、ビッキーの要請に応えて、マルクスと会って昼食をともにしながら三時間にわたって歴史や政治を語り合った。その結果を、一八七九年二月一日付の手紙でビッキーに報告している。

手紙では、マルクスが教養深いことに触れ、マルクスが過去と現在を語るときは考えがきわめて正確であるが、未来に関するマルクスの考えは曖昧で不満足だったとの評価を行っている。また、「マルクスの考えはあまりにも夢のようで危険とは思われない」とも書いている。

一九一一年一一月二一日、ゲリラ闘争開始

アスキス首相に、調停法案を継続審議するのに必要な党内調整や政党間の協議を行う時間を十分与

えるため、ＷＳＰＵは、一九一一年の年初から晩秋まで、戦闘的な活動は自粛していた。

しかし、一一月に入り、「ゲリラ戦」とＷＳＰＵ幹部が呼ぶ破壊活動を、組織として展開し始めた。戦術変更は、以下のように短期間に進展している。

①一一月七日

アスキス首相が、調停法案の審議を継続することなく、調停法案に替えて、新たに選挙法改正法案を準備する決定を行った事実が露呈。

改正法案は、男性の投票権拡大を目的としたが、女性投票権付与はいっさい含まれていなかった。

改正法案が男性の投票権を拡大しながら、女性投票権にまったく触れないのは、女性差別の定着を超えて、男女間にすでに存在する差別の拡大をさらに助長するものであった。女性参政権運動の歴史を全面的に否定し、露骨に歴史に逆行する策動で、ＷＳＰＵにとっては絶対に許し難いものであった。

アスキス首相の決断は、首相本人が直接表明したのではなく、首相と会談を行った男性参政権拡大組織の談話から表に出たものだった。

②一一月一七日

アスキス首相とロイド＝ジョージ大蔵大臣が、ＷＳＰＵの圧力に屈し、合計九つの女性参政権運動組織の代表者と面談。

各組織が四人まで代表者を出すのが許された。ＷＳＰＵ代表は、クリスタベル・パンクハースト、アニー・ケニー、ペシック＝ローレンス夫人、レディ・コンスタンス・リットンの四人。

代表団は、アスキス首相に選挙法改正法案に女性を加えるよう迫ったが、首相は拒否。会談の終わり際に、クリスタベルは、「我々は納得ができない！」とひと言抗議した。それに対するアスキス首相の返答は、「私は、あなたたちが納得することなど期待していなかった」であった。

③一一月一八日

アスキス首相との面談結果の報告を受けたパンクハースト夫人は、講演旅行中の米国ネブラスカ州オマハから、ロンドンのWSPU本部へ電報を送信。

電報は、「Protest Imperative」で始まっている。「Imperative」には、いくつも意味があるが、「避けられない」「絶対成さねばならない」「緊急に成すべきこと」などで、命令的意味合いを帯びる場合もある。軍隊用語でもある。

電報表現であるので多義が考えられるが、パンクハースト夫人の判断は、アスキス首相の決定にWSPUは緊急に抗議すべきだ、であった。電報は、「勇気と信念」で結ばれている。

④一一月一九日

左派系日曜高級紙「オブザーバー」が、米国滞在中のパンクハースト夫人からWSPU本部が受けとった電文全体を掲載。同時に、同紙は、ペシック=ローレンス夫人の名前で一般市民に向けて出された、WSPU抗議デモの案内を掲載。

ペシック=ローレンス夫人は、何千人もの市民がパーラメント・スクエアに「一一月二一日夜八時」に集まり、WSPUの抗議デモを見にくるよう、一般市民に呼びかけている。

この呼びかけ文は、クリーム色の用紙にパープルの文字で印刷され広く配布された。

呼びかけ文は、まず、WSPUのメンバーの多くが警官の暴行を受け、メンバーが命を落とした「ブラック・フライデー」に言及した。そして、多くの市民が抗議集会の観衆になれば、それがWSPUのメンバーを警官隊の攻撃から守ることになり、再度被害者が出た場合は、市民が目撃証人に立つことができるとも訴えている。

⑤一一月二一日午後八時

パーラメント・スクエアの集会が始まると同時に、官庁街のホワイトホールの窓ガラス破壊活動が一斉に始まる。

ホワイトホールは、パーラメント・スクエアからトラファルガー・スクエアへ通じる主要道路の南端を除く約六四〇メートルを指し、道路の両側一帯が、中央官庁街になっている。

窓ガラス破壊は、ホワイトホールと議事堂周辺の内務省、外務省、大蔵省などの中央官庁を標的の中心としたが、庁舎以外に市内の自由党クラブ、郵便局、銀行、政治家邸宅なども含んだ。

窓ガラスの破壊活動によって二二〇人の女性が逮捕される。

⑥一一月二二日

逮捕された二二〇人の女性のうち、一五〇人が一週間から二カ月間の投獄刑を科せられた。

これらの窓ガラス破壊活動を、パンクハースト夫人をはじめとしてWSPU幹部は、「ゲリラ・ウォーフェア」(guerrilla warfare＝ゲリラ戦・ゲリラ闘争)と呼んでいる。

WSPUのゲリラ闘争は、この段階でも投石や小さいハンマーによる破壊活動を指していた。後年に始まることになる放火や爆破活動までを含むものではなかった。しかし、政府当局に物理的攻撃を加える活動に踏み込み、闘争戦術が新たな段階に入ったことを意味していた。

ＷＳＰＵが「ウィミンズ・パーラメント」などを開いて、ゲリラ闘争の当否を論じて決を採った記録は見られない。しかし、一九一一年一一月のこの事件以降、従来はメンバーの状況判断で散発的に各自が行っていた破壊活動を、組織的に行う意思を固め、ＷＳＰＵが組織の闘争戦術として採用したものと、組織の内外で見做《みな》された。

物理的破壊活動を伴うゲリラ戦術が実態上「公式」になった翌月一二月一五日には、エミリー・デイビソンが、郵便ポストへの放火を戦術に加えた。

彼女は、石油を含ませた麻布を郵便ポストのいくつかに入れ、放火した。犯罪の実行にあたっては、新聞社に犯罪計画を事前通告している。また、犯行後は警官に犯行を告白し、彼女を逮捕するよう伝えている。彼女はこの事件の裁判で六カ月の投獄刑を科せられた。

破壊活動を正当化した理由

ＷＳＰＵは、その活動の戦闘性によって、英国においても海外でも歴史に残る。そして、その戦闘的な行動の実例として出されるのが、窓ガラスの破壊から始まる破壊活動である。

英国では、女性参政権運動の歴史は義務教育課程においても広く取り上げられる。しかし、ＷＳＰＵに関する記述の中には、ＷＳＰＵの活動の中心があたかも破壊活動であったかのごとく、誤解を与えがちなものが多い。また、なぜ破壊活動を行ったのかについて詳しく言及しない著述も見受けられる。

ここで注視すべき史実は、WSPUは、一九〇三年秋に設立されて以来、一九一一年秋までの八年間に組織的な破壊活動は行っておらず、既述のように、特定メンバーの散発的な破壊行為があったのみという点である。

WSPUの破壊活動を考える場合、平和的な活動を基本としたこの八年間と、英国で最初に女性参政権請願書が国会へ提出された一八三二年からWSPU設立までの七一年間とを合わせた、合計七九年間の歳月を、破壊活動の歴史的背景として念頭におく必要があるだろう。

WSPUは、窓ガラス破壊などの行為は犯罪にあたると認めている。したがって、逮捕され刑罰を科せられる制度自体には反論はしていない。量刑には不満はあったであろうが、WSPUは法的には破壊行為を違法と認識しながら、政治闘争の上でそれを正当化した背景には、彼女たちの論理と確信があった。彼女たちの正当化の声を拾って大きく分類すると、以下のようになる。

①女性参政権論者は、八〇年近く平和的な手段で女性に投票権を与えるよう、国会議員と社会に訴え続けて、今日に至っている。

訴えの手段には、国会への署名・請願書提出や、集会・デモ行進・街頭演説・新聞発行・各種寄稿に加えて、首相を含む国会議員への要請活動が含まれた。可能な限りの平和的手段を用いて、女性は長年繰り返して訴え続けたが、その訴えを真剣に受け止め真摯に対応する姿勢は、政府・政党にはなかった。女性に同情する国会議員は多かったが、同情を超える支援はきわめて限られていた。

ＷＳＰＵの訴えに具体的反応を政府が示しだしたのは、ＷＳＰＵが戦闘的な戦術を採用し、小規模ながら破壊活動を始めてからであった。ＷＳＰＵの戦闘的な闘いが政府を動かしだしたのである。この歴史的経緯と闘争の実体験から、ＷＳＰＵは、女性が破壊行為を中止すれば、政府は再び女性の声を無視し続けるに違いないと確信する。

②女性に投票権を与えないのは、女性の尊厳を傷つける不作為である。女性は男性が作った法律と男性ばかりの政治によって、人間の尊厳を傷つけられ精神的な痛みを感じている。

しかも、女性は男性によって人間の尊厳を傷つけられるのみではない。「権利章典」が認める人権を行使して請願活動を平和裏に行えば、政府は騎馬警官隊を仕向けて女性の肉体を傷つけ、警官は性的暴行を含む残虐な行為で女性を精神的・肉体的に傷つける。その傷が直接的・間接的原因となって多くの女性が病床に伏し、命を落とした者すらいる。

女性は、男性によって精神的・肉体的に傷つけられているのだが、その女性の痛みを男性は理解できないのである。男性が、傷つけられる人々の痛みを理解できるのは、彼らの尊厳や人権が傷つけられたときではなく、彼らがもっとも重要と考える彼らの財産が傷つけられるときである。

ＷＳＰＵは、女性の尊厳・肉体が傷つけられる痛みを、男性に理解させる有効な手段として、彼らの財産である窓ガラスを破壊するのである。

③男性は、暴力を行使し破壊活動を行って、既成の政治制度・法律・社会規範を変革してきた歴史を持つ。

男性が歴史を変えるために用いた暴力と破壊活動には、市民戦争、武装蜂起、焼き討ち、打ち壊し、暴動など多様な形態が含まれた。彼らの暴力行使と破壊活動は、ＷＳＰＵが行う窓ガラス破壊などとは比較にならない規模であった。

統治階層・政権は、男性のこのような物理的攻撃・破壊活動を受けると、それを大衆・市民の政治的抵抗と受け止め、制度・法律・規範を変更するのを余儀なくされた。ときには、このような市民・大衆の反政府活動によって統治権力や政権の座を失うのみでなく、命まで失くしてきた。

議会制度が確立した後でも、暴力と破壊行為が社会を変える一つの手段であることを、歴史的に立証してきたのは、女性ではなく男性である。

④ＷＳＰＵは、女性参政権獲得闘争において、石を一つの武器と考える。投石は戦術である。したがって、必要な場合は投石を行い、不必要な場合は行わない。相手の出方次第で戦術を変える。

ＷＳＰＵは、武装闘争に入る考えはない。また、破壊活動によって人間の命を奪うことは絶対にしない。人身を傷つける行為は避ける。しかし、武器の使用は政府の出方次第だ。投石で効果がない場合は、武器使用も考えざるをえない。

女性ボディーガードの編成

ＷＳＰＵは、集会や講演会などで、組織活動の一環としての「武器」（weapon）使用を公言してはいたが、その武器とは銃器や刀剣ではなく、当初は石やレンガであった。

また、段階的に武器使用の度合いを高めたり、石やレンガ以外の武器使用を公然と示唆しても、武装集団になることは考えていなかった。同時に、破壊行為を行っても「人命を傷つけない」は、至上命令であった。

その一方で、警官隊の暴力から身を守るための手立ては様々に尽くしていた。特に、一九一〇年秋の「ブラック・フライデー」以降は、警官やフーリガンからの護身が、闘争における重要な課題であった。

ＷＳＰＵのメンバーは、日本の柔術（英語表記はjiu-jitsuまたはju-jitsu）の講習会をメンバーを対象にして行っている。

柔術の講師を担当したのは、英国人女性のイーディス・ガラッド（Edith Garrud）だった。彼女は身長が四フィート・一一インチ（一四九・九センチメートル）と小柄であった（警官に必要な最低身長は、一七七・八センチメートル）。しかし、夫と二人で武道を英国で教えていた。

ガラッドは、柔術の実技講習を行うと同時に、護身術に関する記事を機関紙「VOTES FOR WOMEN」に掲載している。これらの事実は、早くから広く知られていて、雑誌「パンチ」は、一九一〇年七月に、多くの大柄な警官を前にして身を構えている一人の小柄なサフラジェットの線画を掲載している（PUNCH, 6 July 1910）。

ガラッドは、柔術の実演や図示紹介記事の寄稿に加えて、ＷＳＰＵ幹部を護衛する女性によるボディーガードを編成している。ボディーガードは、必要に応じて三〇人程度までが一団となって行動し、パンクハースト夫人などを不当に逮捕しようとする制服・私服警官や、暴力を加えようとする政党関係者やフーリガンからメンバーを守った。

WSPUの著名な活動家に目をやる警官。当時の女性と男性の体格差がわかる

彼女たち護衛隊員は、服装は通常の長袖で丈の長いドレスを着て幹部と行動をともにした。しかし、衣服の下には板紙で身を囲い肋骨を守った（ボディーガード以外のサフラジェットも護身用に衣服の下に板紙を用いている）。

また、ボディーガードは、通常ドレスの袖の中にクラブ（棍棒）を隠し持ち、必要があれば警官の警棒に対抗した。時には拳銃を持ち歩き、空砲を威嚇のために発砲したこともあった。

ボディーガードは、幹部が車で移動する場合は、通常タクシー数台に分乗して前後を固めた。彼女たちの任務は、幹部が攻撃された場合に護衛するのみでなく、幹部が予定通り会場で集会や講演が行えるよう、幹部の移動から会場の設定までを担当した。

例えば、警官隊が幹部を講演会場周辺で逮捕する態勢に入っている場合は、幹部に一般の聴衆を装わせてこっそり入場させた。同時に、幹部を装ったボディーガード一人を数人のボディーガードが護衛して、警官に勘違いさせて、替え玉を逮捕させている。もちろん、警官が途中で気がついて、幹部を会場内で逮捕することにはなるのだが、少なくとも幹部は聴衆に数分間の演説ができる手配であった。

警官に連行されていくWSPUメンバー

また、演説会場へ制服と私服の警官が入り込み、パンクハースト夫人が演壇に登場し話しだすと直ちに逮捕することがしばしばあった。このようなシナリオを想定して、会場設定の段階で、演壇に上がろうとする警官を可能な限り阻止する手段を講じた。演壇のテーブルの前方周辺にたくさんの花瓶などで草花の装飾を施し、その裏に有刺鉄線を張りめぐらせたのだ。

そしてボディーガードも壇上で待機した。彼女たちは、講演会の進行係員のようにふるまって、夫人の後方で椅子に座り警官の襲撃に備えた。警官が有刺鉄線に戸惑いながらも演壇に上りだすと、ボディーガードが体を張って警官と闘い、その合間にあらかじめ設定していたルートで夫人を逃して逮捕を免れたケースも珍しくなかった。

女性参政権に対する反対意見

女性に参政権を与えない理由は、ビクトリア時代に定着した女性観・女性蔑視に基づくものが多かったが、反対の根拠はきわめて多様で、女性の中にも女性参政権に反対する意見が根強く存在していた。さらに、党利党略で主要政党のいずれもが、女性参政権を心底から支持しなかった。

代表的な反対意見には、次のようなものがあった。

◆一九世紀半ばから、女性も最少地方行政区（人口三〇〇人以上の居住区。「教会区」と同じ場合が多数）の議決機関に関する限り、限定的な参政権を持っている。法の度重なる改正に加えて、法の解釈と適用が時代と地域によって異なってはいるが、基本的に女性も地域の意思決定に一定の参加ができる。

この居住地域の議会が、住宅・保育・教育などの女性の関心事を扱うのだから、女性はこの地域議会を通して政治に参加するだけで十分である。

国会は、大英帝国を統治し、陸軍と海軍を維持し、戦争と平和にかかわる問題を扱う。このような国家業務の領域は、女性が適切な影響力を及ぼすことができる領域外である。

◆政府は、究極のところ「力」に基礎をおく。政治は「力」の世界である。女性には力がない。女性は、政治に加わって国家防衛や大英帝国の防衛に従事できない。

女性は、身体的・モラル的・社会的理由によって、政府・国政に貢献できる能力を有しない。

◆女性の関心事も男性に任せるのが一番確実であることを、議会の歴史が示している。女性は、男性を通して間接的に国政にかかわるのみで十分である。女性は、すでに夫を通して政治に関与している。女性が、男性と張り合うのは不適切である。女性は、一般的に男性と比較して劣っている。

◆女性の圧倒的多数が参政権を求めていない。求めているのは、女性の中の極少数派だ。

◆女性は理性に欠け、感情的で物事を冷静かつ合理的に考えて判断できない。女性は、適切な政治的決定を行う能力を有しない。
◆女性は、無垢すぎるから政治の世界に適さない。女性は政治によって腐敗させられ、女性の変質によって、女性への奉仕を徳の一つとする騎士道も衰退する。また、女性が政治とかかわり始めると、結婚しなくなり子どもを産まなくなって、人類が死滅する。
◆男性と女性は別々の領域を持つ。男性が関与するのは社会や政治の世界で、女性の世界は家庭である。女性は家庭や地域に、男性は国家や世界にかかわるのが適切である。
◆男性のみで行う英国の議会政治は何世紀にもわたって適切に機能している。適切に機能しているシステムを変更する必要はない。長年女性は参政権を持っていなかった。今なぜ必要なのだ。

このように、今日では考えられない女性蔑視や、科学的な根拠のない神話的な女性観を含む様々な意見によって、女性参政権は実現しなかった。さらに障害となっていたのは、どの政党も、女性に参政権を与えることが、自分たちの政党にとって有利になると考えなかった事実である。

◆保守党の政策は、基本的に現状維持である。女性に投票権を与えなくても政権に就き、政権を奪われても奪還してきた。女性票を特に必要としなかった。
また、もしも女性が投票権を得ると、多くの女性が保守党へ投票するのではなく、自由党または新しい労働党へ投票するであろうとの危惧を抱いていた。
◆自由党は保守党とは異なって、女性参政権を支持する議員を多く抱えていた。しかし、自由党も保守党同様に、女性票が自由党ではなく他党へ流れる可能性を恐れていた。

WSPUが自由党議員を問い詰めていく詰問作戦の結果、自由党内には女性に投票権を与えるべきだとの理解は浸透しつつあった。しかし、アスキス首相と主要閣僚が頑固一徹で、彼らは、女性に参政権を与えようとする試みが議会内で進展するのを、議会制度の諸規則を巧みに援用して徹底的に阻止した。

◆アイルランド自治党は、国会が女性参政権や男性の参政権拡大問題で多くの時間をとられるのを避けるため、参政権論議自体に消極的であった。彼らの主眼はアイルランド自治問題だった。そのため常に、アイルランドの自治問題が女性参政権よりも緊急の課題であるとの姿勢を崩さなかった。

◆労働党は、男女双方の成人に同一の条件で投票権を与えるべきと考えた。

成人男性のすべてが投票権を得ていない状況下で、女性の一部に投票権を与えると、労働党にとって決して有利にならないと状況を分析していた。女性の中で一定の資産を有する者に投票権が与えられた場合は、彼女たちは労働党よりも保守党または自由党に投票するであろうと判断したのだ。

労働党は、女性の投票権を認める以前に、男性労働者の投票権を拡大させるのが優先課題だとも考えていた。

窓ガラスの計画的な集団破壊

アスキス首相に、女性参政権法案を真摯に考える姿勢がまったくないのが明確になった一九一一年暮れから一二年早春にかけて、WSPUは抗議行動の一環として破壊活動を本格的に行う決定を下した。WSPUは、警察がWSPUの抗議集会開催を察知すると、かならず集会弾圧の態勢を整える事実を、長年の闘争体験から熟知していた。この当局の不当な弾圧への抗議の意味で、WSPUは、メンバーと分刻みの綿密な計画を立て、大々的に当局の裏をかく抗議行動を実行した。

WSPUの一九一二年二月下旬から三月上旬までの抗議行動を、パンクハースト夫人の『私自身の物語』や新聞記事をもとにして時系列でまとめて描くと、次のようになる。

◆二月下旬

政府の女性参政権に関する姿勢を批判し、WSPUが抗議集会を行う計画を、パンクハースト夫人の講演の中で口頭で公表。

公表した抗議集会の日時は、三月四日（月曜日）夕方。集会場所は、パーラメント・スクエア。

◆三月一日（金曜日）午後五時三〇分

パンクハースト夫人を含むWSPUのメンバー三人が、タクシーでダウニング・ストリート一〇番地の首相官邸へ到着。

タクシーから降りて直ちに投石。窓ガラス四枚を破壊。

三人は警官に現場で即逮捕され、最寄りの警察署へ連行される。

◆三月一日（金曜日）午後五時四五分

首相官邸の北北西七〇〇メートル辺りのヘイマーケット（Haymarket）一帯と、その西方数百メートルのピカデリー（Piccadilly）大通りの窓ガラスを、大勢のWSPUメンバーが投石とハンドバッグに隠し持っていたハンマーで一斉に破壊。

繁華街の驚嘆と怒りに満ちた商店関係者・通行人の前で破壊活動を続け、女性の多くが駆けつけた警官に逮捕される。

◆三月一日（金曜日）午後六時〇〇分

首相官邸の北西約一・四キロメートルの繁華街リージェント・ストリート（Regent Street）と、首相官邸北東約一キロメートルのストランド（Strand）通りの窓ガラスをメンバーが一斉破壊。多くが逮捕される。

◆三月一日（金曜日）午後六時一五分

首相官邸の北西約一・八キロメートルのオックスフォード・サーカス（Oxford Circus）一帯と、その西方約六〇〇メートルのボンド・ストリート（Bond Street）の高級商店街で、メンバーが窓ガラスの一斉破壊を遂行。多くが逮捕される。

◆三月四日（月曜日）午前中

一〇〇人以上のWSPUメンバーが、首相官邸の西方約二・六キロメートルのナイツブリッジ（Knightsbridge）へ個別に出かけ、静かに通りを歩きながら窓ガラスを破壊。一人ひとりの散発的な行動だったため、逮捕者の数は限られる。

◆三月四日（月曜日）午後六時　※後日の「デイリー・テレグラフ」紙の報道概要による。

およそ三〇〇〇人の警官が、パーラメント・スクエアと、広場からトラファルガー・スクエアへ通じるホワイトホール一帯を警備。騎馬警官隊が往来して、群衆が広場や歩道で立ち止まるのを禁止。一帯の建物の多くが、バリケードで守られる。同時に、国会議事堂内のホール内とニュー・スコットランド・ヤード（ロンドン警視庁）内に多数の警官隊が待機。

ＷＳＰＵが抗議集会を開いた記録は見当たらない。パンクハースト夫人は、抗議行動が三月四日（月曜日）と警察に信じ込ませて、実際の抗議行動を事前に行って警察の裏をかいたのである。三月一日と四日午前中の窓ガラス破壊事件で、約二〇〇人のＷＳＰＵメンバーが逮捕された。パンクハースト夫人は裁判で二カ月、そのほかのメンバーは、一週間から二カ月間の投獄刑を言い渡されている。

獄中の「ラ・マルセイエーズ」

この時期になると、ホロウェイ刑務所だけでは多くのＷＳＰＵの受刑者を収容しきれなくなった。そのため、今回投獄されたおよそ二〇〇人は、ホロウェイを含めて四つの刑務所に収監された。また、貴族や著名人がＷＳＰＵの活動で逮捕され投獄されるケースも著しくなった。今回の事件で投獄された著名人には、ヨーロッパでも広く知られている女性音楽家のエッスル・スミス博士（Dr. Ethel Smyth）がいた。

相次ぐ著名人の投獄が社会で話題を呼ぶようになり、政府・刑務所側は収容方針の変更を余儀なくさせられた。政治囚のみに与えられていた自由を一定限度サフラジェットにも与え、刑務所側は態度を軟化しつつあった。

しかし、今回の計画的集団犯行によって、政治囚的扱いはいっさい認められなくなり、自由はすべて奪われた。このため、女性たちは一斉にハンガー・ストライキに入った。

しかし、パンクハースト夫人は、女性にハンガー・ストライキを中止させた。その理由は、当局がハンガー・ストライキの中止と引き換えに、女性たちに一定の政治囚的自由を認める考えを、パンクハースト夫人に内密に伝えたからであった。

こうした姿勢の変更は、女性参政権は認めないものの、もはや当局もWSPUのメンバーの行動・主張を一方的には無視できないところまで、WSPUが成長した事実を物語っている。

ハンガー・ストライキを止める決定を行った後、女性たちが要求したのは、健康維持のために一日一時間許されている散歩の時間帯に、パンクハースト夫人を含めて一緒に散策する自由であった。

この要求を認められた女性と認められなかった女性がいた。すると、刑務所内の一カ所で窓ガラスが壊される音とともに、女性が歌う「ラ・マルセイエーズ」が流れた。それを耳にした女性たちは、一斉に刑務所内の窓ガラスを破壊しだし、刑務所内には、「ラ・マルセイエーズ」が響きわたった。

WSPU本部の家宅捜索と幹部の逮捕

組織的な窓ガラスの破壊活動で約二〇〇人の逮捕者を出した翌日、一九一二年三月五日の夕刻に、

ＷＳＰＵ本部の家宅捜索状と幹部の逮捕状を持った刑事の一団が、本部へ押し寄せた。

三月初めから、ＷＳＰＵ周辺で刑事の動きが活発なことは察知していたが、組織本部の家宅捜索は、ＷＳＰＵが予期していなかった事態だった。

捜索・逮捕の嫌疑は、「故意に財産を破壊するよう人々を煽動する陰謀を共同で企てた」であった。逮捕状は、以下の五人に出されていた。

◆フレデリック・ペシック＝ローレンス（機関紙共同編集者／ビジネス・マネージャー）
◆エメリン・ペシック＝ローレンス（機関紙共同編集者／財政担当責任者）
◆クリスタベル・パンクハースト（ＷＳＰＵ書記／組織担当責任者）
◆エメリン・パンクハースト（ＷＳＰＵ代表。すでに窓ガラス破壊で逮捕済み）
◆メーブル・チューク（ＷＳＰＵ共同名誉書記。すでに別件で逮捕済み）

警察が押し寄せてきた際に、フレデリック・ペシック＝ローレンスは、彼の執務室で通常のように仕事をしていた。妻のエメリンは、事務所の上階にあるアパートにいたが、夫妻はその場で逮捕され、ボー・ストリート警察署へ連行された。そして五日の夜は、留置場に拘留された。

警察の家宅捜索は徹底していた。ＷＳＰＵ本部の全事務室を対象とし、ファイリング・キャビネットから机の引き出しの一つ一つまで捜索され、押収された書類は、タクシー二台に積まれて持ち去られた。

「押収書類」には、スタッフのきわめて個人的な所有物で、WSPUの活動とはまったく関係ない物までが含まれていた。パンクハースト夫人の場合、自分の幼児期の写真から、生前中の夫からの手紙までが押収された。これらの私的な物も、押収後いっさい返却されることはなかった。

家宅捜索当時、クリスタベルは本部にいなかったため逮捕を免れた。

四名の裁判は、警察裁判所ではなく、中央刑事裁判所（オールド・ベイリー）で行われ、複雑な裁判過程を経た。

チューク夫人の場合は、就役中に病に伏し刑務所内の病院に入院していたため、看護婦に付き添われて中央刑事裁判所へ出頭したが、彼女は、WSPUの事務スタッフで、闘争の戦略に関しては責任がなかったとの理由で、無罪放免となった。

パンクハースト夫人とペシック゠ローレンス夫妻の三名は、投獄九カ月の判決を受けた。

WSPU幹部の投獄判決が、就役中のWSPUメンバーに伝わると、彼女たちは英国各地の刑務所で次から次とハンガー・ストライキに入った。

クリスタベルのパリ逃亡

WSPU本部の家宅捜索とペシック゠ローレンス夫妻の逮捕を帰宅時に知ったクリスタベルは、三月五日の夜は友人宅に身を寄せて警察の追跡を躱《かわ》した。

三月八日付のロンドンの代表紙「スタンダード」は、「ミス・パンクハーストはいまだ逃走中」（Miss

Pankhurst Still at Large）の見出しで、事件後二日間の警察の捜査とクリスタベルの目撃情報を掲載している。

同紙によれば、警察は五日夜以降に一〇〇人の刑事を動員し、全国の警察署と連携して緊急追跡捜査を展開した。WSPU本部周辺やクリスタベルと彼女の知人周辺はもとより、主要ホテルや全国の鉄道駅への聞き込み捜査を行っている。また、イングランド南東部とヨーロッパ大陸を結ぶ連絡船発着港でも張り込みを続けている（The Standard, 8 March 1912）。

クリスタベル目撃情報も警察へ多く寄せられている。しかし、目撃情報は信憑性《しんぴょうせい》に欠けていた。ほぼ同じ時刻に、クリスタベルはドーバー海峡近くと、彼女のアパートがあったロンドン市内のチェルシーで目撃されている。そのころ、彼女がサングラスをかけてストランド通りを歩いていたとの情報も届いていた。

後日判明した事実だが、クリスタベルは五日の夜知人宅に身を隠し、翌日の六日にはすでにパリに無事に到着していた。

クリスタベルはパリへ逃走した後、そのまま逃亡生活をパリ市内で続けた。彼女が英国へ帰ったのは、一九一四年に第一次世界大戦が勃発した後である。この間、三年以上にわたってクリスタベルはWSPUをパリから指揮することになる。

クリスタベルのパリでの逃亡生活に関しては、WSPUメンバーとその支持者の間で、異なる評価があったことが十分予想される。

彼女が逃亡生活を始めたころは、全国各地の刑務所に多くのWSPUのメンバーが投獄されていた。そして、共謀罪でパンクハースト夫人とペシック＝ローレンス夫妻の三名が投獄の判決を受けた情報を獄中で知ると、彼女たちはハンガー・ストライキに入って判決に抗議し、死線を彷徨《さまよ》う獄中生活を送っている。極限状態に近い状況下で獄中闘争を行っている多くのメンバーの存在を知りながら、相対的に安全なパリで生活することを決定したクリスタベルの考えに、違和感を抱いたメンバーがいても自然なことであったと思われる。

しかし、パンクハースト夫人は、夫人をも含めてWSPU幹部の誰にも相談することなく、逮捕を逃れてパリへ逃亡したクリスタベルの判断はきわめて賢明・適切であったと、彼女の迅速な判断と行動を高く評価している。

パンクハースト夫人がクリスタベルの判断を正当と考えたのは、クリスタベルも逮捕されてしまうと、WSPU幹部のすべてが投獄されてしまうことになり、組織活動の継続にきわめて重大な支障をきたすからであった。

クリスタベルは組織運営上必要不可欠だと、客観性を持つか否かは別として、パンクハースト夫人は評価していた。そして、WSPU創設以来、夫人とクリスタベルが一体となって組織の戦略を決定していたのである。会議・講演会・集会・抗議行動・政府との交渉などにおいて、この二人が組織を代表する人物であった。その二人が同時に投獄されるシナリオは、夫人にとって致命的なもので、いかなる状況下でも回避すべきものであったのだろう。

パンクハースト夫人とクリスタベルの二人でWSPUの方針を決定し、活動を牽引するのは、方針の即決と大胆な行動が展開できる組織の強みであると同時に、民主的な組織運営という点からは問題となる可能性を常に孕《はら》んでいた。

既述のように、一九〇七年九月には、WSPUの当時の幹部三人が、組織運営の形態に異議を唱えWSPUを離れている。三名によると、WSPUの組織運営は民主的でなく、闘争方針の多くがパンクハースト夫人と長女のクリスタベルによって決定されるというものであった。

クリスタベルとパンクハースト夫人

死ぬはずがないものを殺す試み

共謀罪で幹部が投獄刑を受けた集団窓ガラス破壊事件で、約二〇〇人の逮捕・投獄者を出したWSPUは、既述のように、二年前の一九一〇年六月の段階で、すでに六一七人の投獄者を出していた。

この二つの数字から、WSPUの投獄体験者の総数はこの時点で八〇〇人を超えていたと推測できる。繰り返し投獄された女性も多いので、二つの数字を足して「八〇〇人」とは結論を出せないが、ほかの事件や各地の小規模な事件でも多くの女性が投獄されているから、そのような推測も妥当であろう。

こうした精神的・肉体的な苦痛を伴う闘争を継続したWSPUは、どのような思想を抱いていたのであろうか。「女性参政権は当然だから」以上の確信があったに違いないと思われてくる。

この疑問に一部答えるのが、幹部が逮捕された週のWSPUの機関紙である。

機関紙（VOTES FOR WOMEN, 8 March 1912）は、共同編集者二人が逮捕された週にも、不完全ながら発行を成し遂げている。本部の家宅捜索で機関紙関係の書類も押収され、印刷にまわる前に原稿の一部が没収され、紙面の三分の一ほどが白紙であった。しかし、白紙の中の見出しは浮き上がり、意味するところを強烈に読者に訴えていた。

見出しの一つは、「歴史は教える」（History Teaches）であった。

「歴史は教える」は、政府は歴史から学んでいない、学ぼうとしないという批判を予定していたのであろう。見出し以外は空白だが『私自身の物語』によれば、記事の要旨は以下のようであった。

歴代政権は、男性を対象とする一九世紀の選挙法改正運動や、そのほかの改革運動を常に踏み潰そうとし、新たな考え・思想は弾圧しようと試み続けた。しかし、人権・自由を求める運動は、政府が一時的に弾圧して抑え込むことができても、決して歴史から消え去ってしまうものではない。弾圧によって死滅させることは不可能なのである。

新しい思想や社会改革運動を抹殺しようとするのは、「死ぬはずがないものを殺すこと」（to kill the thing that cannot die）を試みるのに等しい。政府は常に殺そうと試みたが殺せなかった。「死ぬはずがないものを殺すこと」は、決してできないのだと教えているのが歴史である。

WSPUの弛《たゆ》まぬ運動を貫いていたのは、彼女たちの運動は歴史の方向と一致している、彼女たちの運動の正当性は、いずれ歴史がかならず立証するという確信であったと思われる。

パンクハースト夫人を中心とする女性たちは、歴史の必然性を認識し、己の闘争の正当性を確信していたのみではない。彼女たちは、アスキス政権が女性参政権運動を弾圧するのは、この種の弾圧が

集会で挨拶するパンクハースト夫人

決して成功しないと歴史が教えている事実を知らないからだと分析し、弾圧は歴史に関する無知がもたらす古くて無意味な行為であると、圧政政権とWSPUの関係を歴史を背景にして客観視する、理論的冷静さと精神的余裕を待ち合わせていた。

死ぬはずがないWSPUの運動を必死になって殺そうと試みているのが、歴史から学ぶことができないアスキス政権である。それが、彼女たちの状況分析であった。

女性参政権法案の廃案と過激化する闘争

一九一二年六月、アスキス首相は、男性参政権拡大をめざす法案を、国会へ提出する意向を公にした。

公約の一つ「参政権拡大」を実現するという大義名分を持っていたが、法案が拡大する参政権は男性に限られていた。有権者層を拡大して、二一歳以上の男性には基本的に参政権を与える改革であったが、法案の「参政権拡大」には女性はまったく含まれていなかった。

首相の女性参政権に関する否定的な姿勢が、この法案の内容で白日の下に曝された。首相は、与野党の代表で構成する委員会が作成した、女性参政権調停法案を無視して破棄したのだ。歴史に明確に逆行する法案提出であった。

首相の姿勢が明確になったのを受けて、一九一二年夏、WSPUのメンバーは、再び破壊活動を活発化させた。従来も政府の動向に応じて、窓ガラス破壊を活発化したり、政府に一定期間の時間を与えるために「停戦」に入ったりしていたが、この夏から戦術が飛躍的に過激化した。

これまでWSPUは、窓ガラス破壊行為を、「象徴的」な行為と考えていた。しかし、この夏から、「実質的」な打撃を伴う破壊活動をも実行に移すようになった。

パンクハースト夫人は、WSPUのメンバーが使う「武器」は「石」のみではなく、政府の出方次第で武器を変え戦術を過激化させる意向を、すでに公にしてきていた。しかし、アスキス首相の最新の動向に対応して、闘争の過激化をWSPUのマニフェストに抽象的ながら次のように記載し、再び政府に警告を発した。

「政府が、女性参政権を訴えるWSPUの過去の穏やかな戦闘行為に応えることなく、女性に参政権を与えなかった場合、WSPUのメンバーの間に抑制するのが不可能なより激しい反乱の精神が燃え上がるだろうと、WSPU幹部は度重ねて政府に警告してきた。」「政府は、この警告を注視することなく無視してきた。今、彼らは、政治家らしくない彼らの愚行の報いを受けようとしている。」

（『私自身の物語』の関連個所の要約）

この年の夏から、英国各地で、従来の窓ガラス破壊行為を超える過激な破壊活動を、個人や少人数グループが開始した。事件には未遂もあり、WSPUメンバーの犯行とは断定できないケースも多い。また、ゲリラ戦術であったため、事件の実態が解明されなかった場合も多かった。

一九一二年中に、次のような事件でWSPUのメンバー二四〇人が投獄されている。

◆アスキス首相らのアイルランドのダブリン市訪問時に、首相が乗車していた車に、手斧を投げつけ窓ガラスを破壊。
◆アスキス首相の演説予定会場であった、ダブリン市内の「シアター・ロイヤル」のステージに放火。
◆ホワイトホールの内務省などの官庁の事務室数カ所に放火未遂。
◆スコットランドの「グラスゴー・アート・ギャラリー」の展示用ガラス・ケースを破壊。
◆ロンドンから北東イングランドまでの広域で、各地の銀行・郵便局などの窓ガラスを破壊。
◆放火・爆破や化学薬品を流し込む方法で、郵便ポスト内の郵便物を破損。
◆全国各地のゴルフ・コースの芝生に化学薬品を散布して広域的に破壊。
◆クリケットやそのほかの野外スポーツ施設内の建物への放火。

これらの犯罪は、WSPU幹部の指示・命令・承認などで実行されたのではなく、WSPUのマニフェストと幹部の意向に沿って、メンバーが「自発的」に行ったものが多かった。

犯罪は、アスキス内閣への怒りのみに基づいていたのではなかった。パンクハースト夫人もメンバーも、「武器」「闘争戦術」を変えることによって、政権の考えを変えようと試みたのであった。
アスキス首相が準備した法案は、女性の参政権を完全に無視していたが、法案の修正事項として女性参政権を加えることは、立法技術上可能であった。また、政府が予定している法案を廃案にして、新規に女性をも含む参政権拡大法案を作成することも、理論的にはまだ可能であった。

放火戦術と幹部の分裂

パンクハースト夫人とペシック＝ローレンス夫妻の三名は、獄中でハンガー・ストライキに入り、強制摂食を繰り返される中で倒れ、病床に伏してしまった。当局は、医学上の理由で三名が刑期を満了する前に釈放する決定を行い、一九一二年の夏に、三名とも順次出所した。

パンクハースト夫人は、出所後パリで逃亡生活を送っているクリスタベルを訪れ、同地でしばし休養した。

パンクハースト母子がパリ滞在中に、ペシック＝ローレンス夫妻が母子を訪れた。訪問理由は、ペシック＝ローレンス夫妻は、もはやこれ以上WSPUが破壊活動を行うことに同意できない旨を、夫人とクリスタベルに伝えるためであった。

夫妻は、集団的窓ガラス破壊事件以降、社会から強い批判が起こっている状況を危惧していた。WSPUの組織自体に憎悪を抱く人々に加えて、街頭でメンバーに暴力をふるう男たちが出始めていた。このような状況下で、これ以上破壊活動を継続した場合、WSPUは社会的信頼を完全に喪失すると、夫妻は強い懸念を抱いていた。

しかし、パリからWSPUの指揮をとっているクリスタベルは、夫妻に同意しないどころか、新しい戦術の一つに放火活動を加え、それを「WSPU公認の戦術として」WSPUメンバーに伝達する意向を夫妻に開示した。

窓ガラス破壊でさえ問題視していた夫妻は、クリスタベルの新戦術を断固と拒否した。結果、クリスタベルとパンクハースト夫人が提唱する放火をも含む破壊活動拡大路線と、破壊活動縮小・自粛路線の間に、埋めようがない大きな溝が生まれた。

ペシック＝ローレンス夫妻は、一九一二年一〇月にWSPUを去った。

この幹部の分裂に関する英語圏における記述は、ペシック＝ローレンス夫妻は「追放された」「除名された」(were expelled) となっているものが圧倒的である。

しかし、ペシック＝ローレンス夫妻が継承した「VOTES FOR WOMEN」紙と、WSPUの新機関紙 (後述の「サフラジェット」) の双方に掲載された状況説明文によると、夫妻はWSPUから追放あるいは除名されたとはなっていない。

双方の新聞が同一の説明文を掲載している。それによると、クリスタベルとパンクハースト夫人は、ペシック＝ローレンス夫妻に、WSPUを離れるよう「勧めた」(recommended) となっている。

WSPU幹部の分裂は、組織内部でも対外的にも大きな意味を持っていた。

◆機関紙「VOTES FOR WOMEN」は、自他ともに認めるように、女性参政権関連新聞の中で最大の影響力を持っていた。その共同編集者二人が同時に組織を去り、同紙の発行をＷＳＰＵから切り離して行うことになったのである。ＷＳＰＵの機関紙活動の弱体化は免れなかった。

◆ＷＳＰＵのビジネス収益を年々拡大し、組織の財政基盤を強固なものにしたのは、ビジネス界をも熟知していてＷＳＰＵの財政を担当していたエメリン・ペシック＝ローレンスであった。彼女が去ると、組織財政が衰退する可能性が大きかった。

◆ＷＳＰＵの組織運営に関しては、民主主義の観点から、すでにメンバーの一部から疑問が提示されていた。パンクハースト夫人とクリスタベルの二人が特段の力を持ち、組織のすべてを仕切ってしまう傾向が問題になっていた。「独裁」との表現は適さないだろうが、圧倒的な権力を行使していた。このような状況下での幹部の分裂は、ＷＳＰＵの組織運営に関する疑義を組織内外で深めた。

◆パンクハースト夫人とクリスタベルは、重要幹部二人を組織から失ってまでも過激な破壊戦術を提唱したことになる。自分たちの闘争戦術を正当化するためにも、放火を含むより過激な戦術を実践に移さざるをえなくなった。「言葉より行動を」をみずからに課することになった。

新機関紙「サフラジェット」発行

ペシック＝ローレンス夫妻がＷＳＰＵを去るにあたって、両人とパンクハースト母子との間で、ＷＳＰＵの機関紙「VOTES FOR WOMEN」の発行は、ペシック＝ローレンス夫妻が引き継ぐことに合意している。同紙はＷＳＰＵの機関紙としての役割を終えた。

機関紙を失ったWSPUは、一九一二年一〇月一七日に、新しい機関紙「サフラジェット」(The Suffragette)の第一号を発行し、全国各地で販売した。

新しい機関紙の手配は、きわめて迅速に行われている。WSPUの機関紙を失った、その同じ月に新たな機関紙を発刊したのだ。編集長はクリスタベルで、編集作業は彼女の滞在先パリで行っている。新機関紙第一号の発行日には、RAHでWSPUの大集会が開かれた。その集会の場で、パンクハースト夫人は、六年間にわたるペシック＝ローレンス夫妻との闘争協力が終わった事実を公表した。また、同日発行の新機関紙には、分裂の経緯が簡潔に掲載され、分裂が合意の上である事実を確認する意味で四人が記事に署名していた。

夫人は、分裂に関して集会の聴衆に補足説明も行っている。

「古い友達であり同志である人々と離れ離れになるのはまったく辛いことだが、私たちは、一つの団体・軍隊(an army)として闘っていることと、闘争目的と政策の各々に関して統一見解が絶対に必要であることを覚えておかなければならない。なぜならば、統一した闘争目的と統一した政策がなくては、組織団体は絶望的に弱体化するからである。」「組織決定に同意できない人々、政策に関してともに目を合わせることができない人々は、自分たちを自由にすべきである。組織を離れ、同意できない組織の足かせから解放されて自由になって、自分たち自身の政策で進むべきである。」

(『私自身の物語』関連個所の要約)

クリスタベルを編集長とする「サフラジェット」は、掲載されるＷＳＰＵの政策・主張に関する記事が強烈で甲高い響きを持つようになり、機関紙全体の内容がより戦闘的になった。

新規発行の宣伝を兼ねて、カラーのイラストを入れたページを加えたが、発行部数は、前機関紙の通常三万部からかなり減り、売れる週でも一万七〇〇〇部程度に落ち込んだ。

ＷＳＰＵによる破壊事件が増加の一途をたどる中で、当局は、増加の主因が機関紙であると判断し、内務省は機関紙発行に弾圧を加え始めた。

発行から半年少々経った一九一三年五月二日には、機関紙を印刷していた「ビクトリア・プリンティング・カンパニー」のマネージャーが逮捕された。ＷＳＰＵが印刷会社を変えるとその会社の責任者も逮捕され、印刷はスコットランドのグラスゴー市で密かに行われた。

このような政府の出版弾圧もあり、発行部数はおよそ一万部に落ちたが、クリスタベルを編集長とする機関紙の発行は継続した。

シルビアはイースト・エンドへ

ＷＳＰＵ幹部の分裂が起きた一九一二年一〇月に、シルビア・パンクハーストは、ロンドンのイースト・エンド全域を対象にして、女性参政権キャンペーンとメンバー拡大運動を展開するよう、ＷＳＰＵ幹部に提案した。

パンクハースト夫人もクリスタベルも、労働者階級が圧倒的な地域に重点をおいて活動を展開する案には消極的であった。しかし、シルビアの信念と情熱に説得され、「WSPU・イースト・ロンドン支部」が同年一〇月に設立された。

イースト・エンドは、シルビアにとってもWSPUにとっても新しい地域ではなかった。一九〇六年には、シルビアとアニー・ケニーが中心となって、WSPUのロンドン市内の最初の支部としてキャニング・タウン支部を設立している。それに続いて、イースト・エンド内では、ボー支部など合計五支部が設けられ、イースト・エンドの労働者階級の女性もWSPUの活動に参加していた。

しかし、シルビアが再びイースト・エンドへ入って、東ロンドン広域を対象に活発な活動を展開しようと考えた理由は二つあった。

第一の理由は、彼女の過去の運動体験から、イースト・エンドの人々は、WSPUの活動に大きく貢献できると、シルビアは考えていた。

彼女は、労働者階級の女性も男性も、社会・政治改革を行う重要な勢力として成長していく潜在的な可能性を持っている事実を見抜いていた。その潜在的な能力や気質・行動力を様々な闘争を通して発掘・育成し、WSPUの運動に積極的に活用したいと考えていた。

もう一つ理由があった。

シルビアは、イースト・エンドの人々は、女性参政権より重要で深刻な生死にかかわる多くの問題を抱えている状況を熟知していた。そのような地域では、困窮救済・社会改革運動と参政権運動を融合することが、双方の運動を発展させて成果をもたらす上で重要だと考えていた。

彼女はまず、自分自身がイースト・エンドに住み込むべきと考えた。貧困・搾取・失業・病気と日々闘っている人々の中に身をおいて、現実を肌で感じながら、人々を苦しめている諸問題と女性参政権との相関を浮き彫りにして人々に訴えれば、社会を変えていく力をイースト・エンドの人々はみずから生み出すようになると確信していた。労働者階級がみずから闘う力をつけることが、社会を変革する上でも、女性参政権を獲得する上でも必要不可欠と考えていたのであった。

「WSPU・イースト・ロンドン支部」は、ボー・ロード一九八番地（198 Bow Road）にあった廃業したパン屋を借りて改修し、事務所とした。その位置は、若いマッチ女工が歴史的なストライキを打って勝利した工場の南東約四五〇メートルである。

事務所設立に力を貸したのが、アメリカ・ミシガン州出身のゼリー・エマソン（Zelie Emerson）と、写真家ノーラ・スミス（Norah Smyth）であった。この二人の女性が、シルビアの最大の支援者であり同志となっていく。二人の女性は、女性参政権獲得のみではなく、働く女性・労働者階級の女性解放のために、社会的地位を捨て、遺産を費やして闘う決意と情熱に満ち溢れていた。思想と情熱と女性の生き方の上で、三人の間には多くの接点があった。

連続放火作戦

一九一三年は、WSPUの破壊活動が多様化し、連続放火事件を生じるまでに拡大・深刻化する年となった。

この年の破壊活動には、以下のような事例が含まれている。

◆ロンドン塔内で王室の宝物・宝飾品を展示していたガラスケースが破壊される。
◆スコットランドのダンディー市内の郵便ポスト数個に、化学薬品（燐《りん》）が挿入され、郵便物を取り出そうとした郵便局職員数人が火傷を負う。
◆英国の長距離電信・電話回線が切断され、スコットランドのダンバートン市内では、電信線が二〇カ所で切断される。
◆ロンドン南西部のキューにある「キュー・ガーデンズ」（王立植物園／現在ユネスコ世界遺産）の一部が破壊され、植物園内の喫茶施設が焼き落とされる。
◆ロンドン東部のイルフォードで、家屋火災警報電線が三つの街路の数カ所で切断される。
◆バッキンガムシャー州の村の小さい鉄道駅舎から、ロンドン近郊の鉄道駅施設まで、鉄道関係施設が各地で焼き討ちに遭う。
◆ロンドン南西部のリッチモンドで、始発列車としての準備を整え、早朝の発車を待って夜間に停車していた列車が放火され、ほぼ全車両が焼失する。
◆「ローハンプトン・ゴルフ・クラブ」のパビリオンが焼き落とされる。そのほかのゴルフ場・ボーリング敷地・競馬場の芝生が化学薬品などで破壊される。
◆イングランド銀行のそばと、セント・ポール大聖堂内に爆発物が放置される（不発）。
◆一人または二人による連続放火が多発。女優のキティー・マリアンの場合、東サセックス州（四月）、サリー州（六月）、リバプール（八月）、マンチェスター（一一月）で、住居と競馬場施設に連続放火。
◆ロンドンの「セント・キャサリンズ・チャーチ」など、英国各地の教会が放火される。「セント・

キャサリンズ・チャーチ」（五月六日放火）の場合、教会の屋根が火炎で陥落。事件後、各地の教会関係者が警備態勢を敷く。
◆大蔵大臣ロイド＝ジョージ（二月）、貴族（三月）、国会議員（四月）など、女性参政権に反対する政治家や著名人宅が放火される。

一九一三年に活発化した放火・爆破事件は、第一次世界大戦が始まった一四年夏まで続いた。このおよそ一年半にWSPUのメンバーが行った放火・爆破の正確な数字には定説がない。確定できない理由は、犯行者が特定できない事件が多いからである。

しかし、近年のリサーチには以下のような数字が見られる。このリサーチで放火・爆破の対象とした物件には、私邸・別荘・工場・納屋・ホテル・公共施設・スポーツ関連施設・鉄道駅・教会・学校などが含まれている。

一九一三年　総数二三二件
一九一四年　総数一〇五件
（出典＝An Examination of Suffragette Violence, C.J.Bearman, The English Historical Review 120 : 365-397. DOI:10.1093/ehr/cei119）

このような放火・爆破行為で、人身を傷つけないのが組織命令だった。犯行に至る以前に、家屋・

工場・教会・駅舎・列車などの中に、人間が不在であることを十分確認している。このため、前述の郵便局職員が火傷を負う事件を除いて、死傷事件は起きなかった。

逮捕されたＷＳＰＵのメンバーは、当然ながら投獄され、多くがハンガー・ストライキに入った。ＷＳＰＵの破壊活動が頻発するにつれて、新聞紙面に特別欄を設けて事件を定期的に報道する新聞社も出始めた。また、社会の批判も厳しくなり、ＷＳＰＵのメンバーに暴力をふるう市民も各地で出現している。このため、街頭での機関紙販売なども危険となる地域も生まれだした。

キャット・アンド・マウス法

放火などの重大な破壊活動への刑罰は重かったため、長い間投獄生活を送る女性が増えていた。刑期が長くても、投獄された女性の多くが獄中でハンガー・ストライキに入ったため、受刑期間中に獄中で死亡する危険性が従来以上に高まった。

爆破や放火で逮捕されれば、受刑期間が数カ月では済まなくなることを熟知していて闘争を行っているＷＳＰＵの女性たちであったから、意志はきわめて強く、ハンガー・ストライキも死ぬまで継続の覚悟であった。

アスキス内閣は、このように死を覚悟して獄中で闘争を続ける女性の扱いに苦慮した。内閣・政界・社会のいずれにも、状況に関して次のような三つの代表的な意見が生まれていた。

①もはやこれ以上女性参政権問題を放置すべきでない。政府は女性参政権を早急に立法化し、WSPUとの政治対決に終止符を打つべきである。

②放火や爆破などの重犯罪は別にして、WSPUの平和的なキャンペーンに関連する逮捕は避けるべきである。また、WSPUの活動は、政治闘争であり、国民の抗議行動であるから、政府はWSPUとの力による対決を避けて、無闇に逮捕・投獄を行うべきでない。

③WSPUの女性たちは犯罪を行って投獄されている。食事を与えているのに、彼女たちの意思で食事を拒否しているのである。その結果が、彼女たちに何をもたらすか、彼女たちは熟知しているに違いない。彼女たちの選択が死であればその選択を阻止する必要はない。

アスキス政権は、三つの意見のどれにも同意しなかった。

首相が絶対視した事項が二つあった。

◆女性には参政権を与えない。

◆WSPUメンバーの獄中死は絶対に避ける。「殉教者」を出さないためである。

首相が、獄中死をさせなかったのは、獄中で政府に抗議して死を遂げた女性が現れた場合、政権への強烈な批判が社会で噴出する可能性が十分予期されたからである。また、殉教者が出れば、彼女は、WSPUのジャンヌ・ダルクとなり、彼女に続く殉教者が現れる可能性も懸念された。

このような状況下で、アスキス政権が一九一三年四月二五日に立法化したのが、通称「キャット・アンド・マウス（猫と鼠）法」であった。正式名称は、「囚人の体調不良による一時的釈放法」だ。同法は、「健康上の理由で刑務所内におけるさらなる監禁が好ましくない囚人を一時的に釈放する法律」である。具体的には、法の適用は以下のようになる。

①囚人がハンガー・ストライキに入った場合、強制摂食をすることなく放置する。
②病気や絶食による衰退で半死の状態に陥ったところで一時的に釈放する。
③自宅・病院・療養所などで静養させ、獄中生活に耐えられるまでに体力が回復したら、刑務所に戻して刑期を満了させる。
④体力が回復しているのにもかかわらず刑務所に戻らない場合は、再度逮捕する。

「キャット・アンド・マウス法」の導入によって、政府は、社会的批判を強く浴びていた強制摂食を行わなくても済むようになった。しかし、新法は、政府が期待していたような効果を生じなかった。WSPUのメンバーの多くが、一時的に釈放されている間に姿を消してしまい、警察が彼女たちの一人ひとりを常時監視下におくことが困難だった。結果、彼女たちは各地でゲリラ活動を展開し、破壊行為は鎮静しなかった。

また、彼女たちは、一時的釈放中に病身でも演説を行ったり、集会に参加して警察に再逮捕された。活動できる体力があれば、刑務所に戻るべきだというのが再逮捕の根拠であった。結果、逮捕―投獄―ハンガー・ストライキ―病気―一時的釈放―活動―再逮捕の悪循環が繰り返された。
WSPUの女性たちは、繰り返し繰り返し投獄される中で、闘争の情熱をより燃え上がらせた。女性ボディーガードもより勇敢に活躍するようになり、再逮捕も簡単には行えなくなった。

ロンドンの高い塔に掲げたWSPUのキャンペーン・バナーを見る群衆

　社会からも新法への強い批判が出た。強制摂食は、医学的に拷問と判断されたが、「キャット・アンド・マウス法」は、人権を蹂躙《じゅうりん》する法律であると、良識ある人々には受け止められた。人権を行使して社会運動を行っている女性を弾圧する政府の姿が、鼠を弄《もてあそ》んでいる猫の姿に映ったのである。このため、哲学者のバートランド・ラッセル（一八七二〜一九七〇年）は、抗議の意味で自由党を脱党している。

　社会では、放火などの過激闘争を行うWSPUの女性への批判が出ると同時に、弾圧に屈することなく闘い続ける女性への同情と支援も根強く育っていった。特に、イースト・エンドでは、地域の男女住民が警察の監視・捜査・逮捕からWSPUの女性を陰に陽に守っている。

再度の家宅捜索と幹部逮捕

一九一三年四月二日から、パンクハースト夫人はＷＳＰＵの一連の放火・爆破事件の責任者として、中央刑事裁判所で裁判にかけられた。判決結果は、投獄三年間であった。判決が言い渡されると傍聴席を埋めていたＷＳＰＵの女性たちが、裁判官の「騒げば投獄する」との警告を無視して大合唱した。ＷＳＰＵの組織歌の一つで「ウィミンズ・マルセイエーズ」だ。

March on, march on,　　進軍し続けよ、進軍し続けよ、
Face to the dawn,　　夜明けに向かって、
The dawn of liberty.　　自由の夜明けへ。

同年四月三〇日には、放火・爆破事件でＷＳＰＵの新本部が警察の家宅捜索を受けた。ＷＳＰＵは、組織的な窓ガラス破壊事件を起こし約二〇〇人の逮捕者を出した一九一二年三月にも家宅捜索を受け、幹部が逮捕されていたが、その約一年後の再度の家宅捜索であった。新本部は、ペシック＝ローレンス夫妻がＷＳＰＵを去った後に、旧本部があった同地域の別の建物へ移動していた。

家宅捜索は初回と同様に徹底したもので、さらに今回は、当日本部にいた機関紙編集委員二名、ビ

ジネス・マネージャー、事務マネージャー、財政秘書まで一斉に逮捕された。クリスタベルは、依然としてパリに滞在していて逮捕は免れた。

本部が家宅捜索を受けたのは、WSPUの破壊活動が活発になったからであった。二月には大蔵大臣ロイド＝ジョージ、三月には貴族、四月には国会議員の家や別宅が放火や爆破されていた。

家宅捜索の日に、WSPUのメンバーで薬局を開業していたクレートン薬剤師の夫も逮捕された。嫌疑は、WSPUに爆発物を提供したというものであった。また、機関紙「サフラジェット」を印刷していた印刷所の責任者も逮捕され、二日後に発行予定の機関紙関連資料はすべて没収された。また、印刷所責任者は、以後、同機関紙を印刷しないことを強要され、誓約書に署名させられた。

このようにして、一九一三年四月三〇日午後一時、WSPUの本部機能は完全に停止した。

しかし、驚いたことに、機関紙「サフラジェット」は事件など何もなかったかのごとく、予定通り五月二日に販売店で売られた。どのようにして印刷し販売手配をしたのかは、パンクハースト夫人の著作でも伏せられている。

WSPUのメンバーは、弾圧を受ければ受けるほど多彩に才能を発揮してきていた。ある部局の責任者が逮捕されれば、そのアシスタントが、アシスタントが逮捕されれば彼女の同僚が、瞬時に必要業務を遂行できる体制が整っていた。家宅捜索の四八時間以内に本部機能は回復している。

家宅捜索直後の発行機関紙には、第一面に通常掲載する風刺漫画がなかった。第一面には、いっさい記事がない。記事に替えて、きわめて大きな活字を使って紙面の左右いっぱいに、大文字で「RAID

家宅捜索を受けたにもかかわらず発行した、「踏み込まれた！」と一面に書いた白紙に近い機関紙「サフラジェット」を壁に貼って作業をするWSPUスタッフ

ED！」と書かれていた。「踏み込まれた！」である。

エミリー・デイビソンの死

一九一三年六月四日午後三時一〇分、WSPUの活発なメンバーであったエミリー・デイビソン（四〇歳）が、エプソム競馬場のダービー（競馬）で、国王ジョージ五世所有の出走馬アンマー（Ammer）に跳ねられ、その四日後に死亡している。

観客として競馬場へ入ったデイビソンは、全力疾走中の馬の群れが最終コーナーをまわったころ、柵を潜ってレース・コースへ入り込み、アンマーの手綱に「VOTES FOR WOMEN」と印字されたWSPUのキャンペーン・スカーフを取りつけようと試みたところ、国王を含む五〇万人の歴史的な大観衆の眼前で跳ねられた。

彼女の行動の目的が自殺だったと唱える説が長年あったが、死後一〇〇年にあたる二〇一三年に、当日撮影された報道映画三本を科学的に分析し、手綱にスカーフを取りつけようとしていた様子が確認され、WSPUキャンペーン目的の殉教的な死であることが確認された。

彼女が自殺を試みたのではない傍証として、彼女が、ロンドンのビクトリア駅と競馬場の町エプソム間の往復列車切符を所有していた事実も挙げられる。

デイビソンは、ロンドン大学（ロイヤル・ホロウェイ・カレッジ）で学んでいたが、父の死で学費に困り中退し、後年、オックスフォード大学で英文学を学んで優秀な成績で卒業している。しかし、女性であるがゆえに男性が得る学位と同等価値の学位は与えられていなかった。

彼女は、一九〇六年から教員をしながらWSPUの活動を行っていたが、三年後には、フルタイムでWSPUの活動に加わった。しかし、WSPUからは給与を受けていない。時折、ジャーナリズム関係の仕事などをして、僅かな収入を得ていたようである。

エミリー・デイビソン

活発なメンバーであった彼女は、国会庶民院の窓ガラス破壊、郵便ポストへの放火、大蔵大臣ロイド＝ジョージの乗用車への投石などの罪で、九回投獄されている。

獄中では、強制摂食に抵抗して自分の独房を内側から閉鎖し、注水されてドアが壊れるまで闘ったり、刑務所の上部廊下から身を投げて階段の上に落ちて大怪我をしたこともあった。

デイビソンの葬儀は、ロンドンと両親の故郷の二カ所で

競馬場で国王の競走馬に跳ねられたデイビソン

盛大に行われた。

ロンドンでは、一九一三年六月一四日に、市内の大行進から始まり、大英博物館近くのセント・ジョージ教会で葬儀が挙行された。祭司は、「女性参政権教会連盟」のメンバーであった。

葬送行進では、十字架を掲げた女性が先頭に立ち、一二人の白いドレスを着た少女が月桂樹の花輪を持ちバナーを掲げて続いた。バナーには、パープルの布地に銀色で、次のように書かれていた。

Fight On And God Will Give The Victory
（闘い続けよ。そうすれば神が勝利を与える）

一二人の少女の後に、さらに白いドレスを着た少女の一団が続き、その後続は黒いドレスを着てパープルのアイリスの花束を持った女性の一団であった。その直後に、パープルのドレスを着て赤いシャクヤクの花束を持った一団と、白いドレス姿で白いマドンナ・リリーの花束を持った一団とが交互に組み合わさって続いた。

棺は、銀色で縁取られたパープルの布で覆われ、銀色の矢が描かれていた。その上にWSPUから捧げられた月桂樹の花輪が三つおかれ、次のように書かれていた。

She Died For Women
（彼女は女性のために死んだ）

(The Suffragette, 20 June 1913)


白いドレスの女性たちは、黒い腕章を巻いたり黒いタスキをかけ、音楽隊が奏でるショパンの「葬送行進曲」とともに市内を通過した。参加者は、約五〇〇〇人に上っている。当日撮影の報道写真や映像から、葬送行進を見送るために集まった人々の数は、少なくとも数十万人と推測できる。

セント・ジョージ教会での葬儀の後、棺は、キングズ・クロス駅から、イングランド北東部のデイビソンの両親の故郷である、ノーサンバーランド州の地元の鉄道駅（Morpeth）まで運ばれた。

地元では、鉄道駅から埋葬する教会（St Mary the Virgin）の墓地まで、葬送行進を行っている。行進風景を伝える報道写真は、文字通り老若男女の「人の山」で埋まっている。

三〇代後半の人生を闘争に明け暮れて九回投獄され、闘争で最期を遂げたエミリーは、永遠の闘士として埋葬された。出獄する

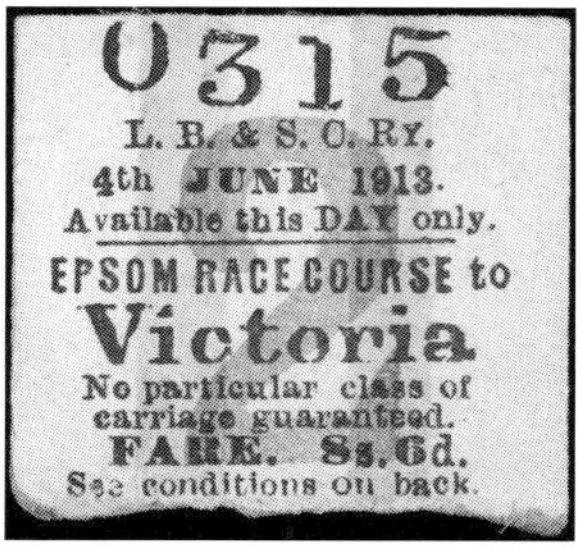

デイビソンに自殺する意思のなかったことを示す、彼女が所持していた往復切符

たびにWSPU本部から与えられたメダルを身につけて。地元のサフラジェットは、エミリーが帰省するといつも彼女を歓迎して掲げたバナーを棺に添えた。

Welcome Home, the Northumberland's Hunger Striker
（お帰りなさい、ノーサンバーランドのハンガー・ストライカーよ）

エミリー・デイビソンが国王の競走馬の手綱につけようとした、「VOTES FOR WOMEN」のスカーフは、現在、英国議会庶民院の展示収集物の一つになっている。

WSPUの闘争の泥沼化

WSPUは、エミリー・デイビソンの死の六日後に、五〇〇〇人を動員して盛大な葬儀を挙行する組織力を維持していた。しかし、当局は対決姿勢をさらに強化した。一般社会におけるWSPU批判も強まり、WSPUの闘争に混乱の影が差しだした。

デイビソンの死によって、WSPUへの注目が再度急激に高まったが、同情と理解ばかりではなく、社会の反発を反映して、ヘイト・メール（手紙）や新聞投書欄での批判も増えた。さらには、各地でWSPUのメンバーに一般社会人が暴行を加える事件が頻発し、女性たちの活動の継続には深刻な身の危険が日常的に伴うまでに至った。

ＷＳＰＵメンバーの中には、「人身を傷つけない」原則に反して、個人を対象に暴力行使に出る者が現れだした。一九一三年夏場には、かつて刑務所で強制摂食を執行した医師に、メンバーが暴力をふるっている。加えて、各地の教会での礼拝・儀式がメンバーによって妨害されている。教会が、刑務所内で進行している状況を批判しなかったからである。

秋になると、当局は、一時中止していた強制摂食を再度導入した。また、ＲＡＨなどへ圧力をかけ、ＷＳＰＵへの施設貸し出しを禁止させた。

一九一三年一二月一八日夜には、ホロウェイ刑務所の外壁にダイナマイトが仕掛けられた（The Northern Whig, 19 December 1913)。爆発は二カ所で起き、施設の一部が破壊された。ダイナマイトによる刑務所爆破の試みは、それ以前には考えられないレベルの破壊活動であった。

当局とＷＳＰＵの対決がより鮮明・深刻になり、ＷＳＰＵへの社会的批判が高まる危機的状況は、パンクハースト夫人とクリスタベルの不在を背景にしている。夫人は、受刑中で、「キャット・アンド・マウス法」により獄中生活と一時釈放とを繰り返している身であった。クリスタベルは、依然としてパリで逃亡生活を続けていた。

シルビアの追放

シルビア・パンクハーストと、姉のクリスタベルの間で、長年、ＷＳＰＵの闘争のあり方に関して考え方の相違があったが、両者の表立った論争はなかった。しかし、ＷＳＰＵ闘争が泥沼化し始める時期になると、クリスタベルはシルビアを激しく糾弾するようになった。

クリスタベルは、WSPUのメンバーは、軍隊行進のように各人がほかのメンバーと歩調を合わせて、トップの指揮に従うべきと考えていた。また、メンバーの活動は女性参政権獲得の一点に集中すべきで、それ以外の活動は闘争目的達成の障害になると考えていた。

対してシルビアは、女性参政権獲得の重要性はもちろん十分認識していたが、世の中で起きているそれと同等にきわめて重要なほかの問題も、無視することはできなかった。例えば、獄中闘争で囚人がおかれている環境をみずから体験すると、WSPUのメンバーのみならず、囚人一般の待遇改善をも無視できないのがシルビアの性格であった。

両者の対立は、シルビアがRAHで、政治家と労働組合が開催した集会で演説を行った一九一三年一一月一日以降に、決定的になった。

集会は、アイルランドのダブリン市の労働者（「アイルランド運輸一般労働組合」が中心）と貧困家庭を支援する目的であった。

同年八月に極悪の労働条件に抗議して立ち上がった労働者に対して、雇用者側がロック・アウトを強行し、抗議する労働者・女性・子どもに警官は暴行を加え、争議の中で死者も出ていた。極貧の生活を強いられていた労働者は、ロック・アウトによって餓死が懸念された。そのため、ペシック＝ローレンス夫妻のように、イングランドの余裕のある家庭では、餓死に直面しつつあるアイルランドの子どもを引き取っているのが、当時の困窮状況であった。この状況を見るに見兼ねて、シルビアは演説依頼を引き受けたのであった。

シルビアは「キャット・アンド・マウス法」で一時釈放中の身であり、ＲＡＨを満杯にした大集会で演説すれば、再逮捕され、刑務所行きとなるのは明らかだった。しかし、彼女は依頼を断らなかった。

この集会で演説を行ったシルビアに、クリスタベルは激怒した。シルビアは一九一四年一月一〇日までホロウェイ刑務所に収監されていたが、出獄直後回復する暇《いとま》もなく、クリスタベルにパリへ呼び出された。

クリスタベルによると、シルビアの「罪状」は以下のようであった。

①「アイルランド運輸一般労働組合」指導者ジェームズ・ラーキン（James Larkin）を支持する集会で演説した（クリスタベルは当時、労働組合との共闘を否定していた）。

②ＷＳＰＵがかかわりたくない政治家ジョージ・ランズバリー（George Lansbury）とシルビアは活動をともにしている（ランズバリーは、元労働党国会議員。キリスト教社会主義者で、女性の権利拡大・社会正義の実現・貧困層の救済のため広く活動していた）。

③男性との共闘は、ＷＳＰＵは歓迎しないのにもかかわらず、シルビアは労働組合などの男性中心の組織と常に連帯している。

④労働者階級の女性は、女性参政権運動に寄与する能力がなく、また彼女たちの社会運動には価値がないのに、シルビアは彼女たちと闘争をともにしている。

⑤シルビアの運動は、ＷＳＰＵ幹部が同意できない組織運営形態に立脚している（クリスタベルの、

パンクハースト夫人と２人の娘（Wikipediaより）

組織の上位が下位へ命令を伝達する「トップ・ダウン」型運営は、シルビアの「ボトム・アップ」型運営と対立するものであった）。

⑥シルビアは彼女独自の闘争方針に基づいて行動している。しかし、ＷＳＰＵは彼女の個人的な方針を必要としない。ＷＳＰＵのメンバーは、個人の考えで行動することなく、幹部の指示を聞き入れて、全員が軍隊のように歩調を合わせて行動すべきである。

クリスタベルは、シルビアが考えを変えないのであれば、ＷＳＰＵから離れて活動すべきと主張した。

この話し合いの結果、シルビアはＷＳＰＵを実質上追放され、イースト・ロンドン支部の財政源は完全に断ち切られた。話し合いに同席していたパンクハースト夫人は、支部へのＷＳＰＵの財政的支援を一部継続する意向を口にしたが、クリスタベルが一喝して認めなかった。

パンクハースト夫人は、長女のクリスタベルと常に一心同体であった。シルビアは、政治闘争での共闘を否定されたのみでなく、姉と母親の両方から実質上家族の縁も切られた。政治で対立しても家族では付き合うという考えは、彼女たちの選択肢にはなかった。

シルビアに続いて、同じ一月に妹のアデラもパリへ呼び出された。彼女は、社会主義者であるとの理由で、WSPU幹部の一人アニー・ケニーによって、公の場での発言が許されていなかった。

パリに着くとアデラは、諸般の理由でパンクハースト夫人とクリスタベルから批判・拒否され、運動上の関係と家族の縁の両方を同時に切る覚悟をした。そして、一九一四年二月二日、オーストラリアへ移民するため英国を発った。即断だった。二八歳だった。彼女はその後一生家族と会うことがなく、七五歳でオーストラリアで亡くなっている。

最後の戦場――バッキンガム宮殿

エミリー・デイビソンの死亡事故や、シルビアとアデラの追放などから生じた組織運営の混乱の中で、メンバーの活動が過激化するのに比例して、一九一四年春ころから、メンバーが一般社会人から暴行を受ける頻度がさらに高まった。

それでも、パンクハースト夫人は、「キャット・アンド・マウス法」で一時的釈放中に、北はグラスゴーまで各地へと隠密裏に出かけ、警察の追跡を躱《かわ》しながらWSPUの集会に参加した。

この時期になると、警察は集会の可能性を察知すると、制服警官を乗せた多数の警察車両に加えて、一台に四人の私服刑事を乗せたタクシーを一二台も手配して、夫人を逮捕しようと必死になっていた。このため、ボディーガードと警官の衝突も激化し、女性たちは棍棒や会場内の壊れた椅子などで警官に暴行を加えられ、頭部や顔面から血を流しながら闘った。闘争激化の中でボディーガードの拳銃携帯も頻繁になり、空砲ではあったが警官に向けて威嚇発射を行っている。

文字通り血みどろの闘争を継続しながら、パンクハースト夫人は国王ジョージ五世に直接訴える決心をし、WSPU代表団が国王に謁見《えっけん》する機会の設定を、国王に懇願する書簡を送った。

国王へは、一九一一年六月に、「ウィミンズ・コロネーション」を大々的に挙行して、間接的ながら女性参政権を訴えていた。謁見の機会が与えられれば、次の三点について言及する考えであった。

①依然として女性には参政権が与えられていない、正義に反する状況。

②不正義と闘っている女性に対して、強制摂食で拷問を加えて弾圧した事実と、現行の「キャット・アンド・マウス法」による、女性の請願権を蹂躙《じゅうりん》する当局の弾圧行為。

③アイルランド独立を求めて、人身攻撃の開始さえ公言している集団は、拘束することなく自由にしていながら、戦闘的な女性には拷問を加えて弾圧する、政府の言語道断なダブルスタンダード。

「ウィミンズ・コロネーション」に何の反応も示さなかった国王であった。また、エミリー・デイビソンの事故を目撃しても、競走馬のアンマーとジョッキーのみに同情を寄せて日記に記した国王であった。関係者を通して謁見を許さない旨をパンクハースト夫人に伝えた。

夫人は、直訴を決意した。国王に謁見するためにバッキンガム宮殿へWSPUの一団が向かう日を、一九一四年五月二一日と一方的に設定し、その旨を国王に伝達した。

当日、夫人は制服と私服警官、騎馬警官隊の厳重な警戒をくぐり抜けて宮殿の門までたどり着いた。

しかし、そこで巨大な体格の制服警官に後方から全身を拘束された。制服警官は彼女を抱えて持ち歩き、護送用に陰で待機していた自家用車へ運び込んだ。車は、ホロウェイ刑務所へ直行した。

翌日の「デイリー・ミラー」が、パンクハースト夫人が巨大な制服警官と数人の私服刑事によって身柄を完全に拘束され、バッキンガム宮殿の門前から連行されていく写真を第一面に大きく掲載した。夫人には抵抗するすべがなかった。写真のキャプションによれば、夫人は、報道関係者に「宮殿の前で逮捕された。国王に伝えよ！」と訴えている。最後の抵抗であった。国家権力機構とそれに抵抗し必死に闘っている女性たちとの力関係を冷厳に象徴している一枚の写真であった。

バッキンガム宮殿の前で逮捕されたパンクハースト夫人。これ以降WSPUの実質的活動は終息する。逮捕した警官は後日急逝

この報道写真は、国家権力によって弾圧されていくＷＳＰＵの姿を如実に捉えているが、パンクハースト夫人を抱えて護送車へ運んだ大柄な制服警官は、事件から二週間後に心臓を患って死亡している。偶然の死かもしれないが、この事実もＷＳＰＵと国家権力の激しい闘争を象徴している。

パンクハースト夫人が逮捕されると、それに抗議してバッキンガム宮殿へ突入しようとする女性への警官隊の暴力行使が始まった。その様子は、ＷＳＰＵメンバーと市民の目撃者が、「一九一〇年一一月一八日のブラック・フライデーの再来」と表現している。

当日逮捕された六六人の女性と二人の男性が、翌日、警察裁判所で裁判にかけられた。彼女・彼らは最後の抵抗をした。一人として自分の名前を告げなかった。氏名の代わりに、被告人は番号をつけられて被告人席に一人ひとり順番に呼び出されたが、ある女性は歩こうとせず、被告人席まで官憲に引きずられていった。ある女性は、ブーツを片方脱いで警察判事に投げつけた。誰かが小麦粉を空中へ撒き散らした。警察署の外から、コルネットで奏でる「ラ・マルセイエーズ」が、裁判室と女性が裁判を待たされている警察署廊下へ流れ届いた。彼女たちは大きな拍手を送って革命歌に応えた。しかし、それ以上の抵抗はできなかった。

バッキンガム宮殿前での闘争が、実質的に、ＷＳＰＵの女性参政権運動の最後の闘いとなった。二カ月半後には、英国も第一次世界大戦に参戦した。

この日以降、サフラジェットのシンパサイザー（同情者・共鳴者）の家まで、警察が家宅捜索をかけた。機関紙印刷関連業者も、当局が弾圧した。ＷＳＰＵは、警察の弾圧によって、本部をさらに二回移動せざるをえなかった。社会のサフラジェットへの暴行も増加の一途をたどった。

すべてを変えた第一次世界大戦

バッキンガム宮殿への直訴が不首尾に終わった三八日後の一九一四年六月二八日、オーストリアの皇太子がセルビアの民族主義者によって暗殺され、第一次世界大戦勃発の動因となった。戦火はヨーロッパ各地へ拡大し、八月四日には、ドイツ軍が中立国ベルギーへ侵入した。すると英国は、一八三九年締結の「ロンドン条約」に基づいて、ベルギーの独立・中立を維持するためドイツに宣戦布告した。

英国の参戦とほぼ同時に、WSPU幹部は女性参政権活動を全面的に中止し、全面的な戦争支援をWSPUの組織として遂行する決定を下した。

反対意見も存在した。反対したメンバーの代表者は、投獄中に二三二回強制摂食を体験した女優のキティー・マリアンであった。しかし、独裁的とも呼べるほどの力を持っていたクリスタベルによって、キャンペーン中止と積極的な戦争支援が組織決定となった。

パンクハースト夫人は、政府と取引した。戦闘的な女性参政権キャンペーンを全面的に中止し戦争支援のキャンペーンを行う約束と引き換えに、収監されていたWSPUの女性全員を、八月一〇日に釈放させた。宣戦布告六日後の出来事である。WSPUと政府の双方にとって、急激かつ大きな方向転換であった。

WSPUの方向転換の理由は簡明であった。「ドイツとの戦争に勝利することが、緊急の課題である。負ければドイツの統治下におかれ、女性参政権どころか、投票制度や民主主義の基本さえ否定される社会になる可能性がある。負ければ、今までの闘争のすべてを失ってしまう」であった。

WSPUの戦争支援キャンペーンには、政府が資金を援助し、WSPUは、志願兵制度への応募と女性の軍需生産への参加を訴えた。「男は戦わなければならない。女は働かなければならない」をスローガンに、男は戦場へ、女は軍需生産へと送り出すキャンペーンを大々的に遂行した。軍服を着ていない男には、臆病のシンボルである鶏の「白い羽」を差し向けている。

参戦翌年の一〇月一五日には、ＷＳＰＵは、機関紙名「サフラジェット」を、大ブリテン島の古称であり愛国的な「ブリタニア」（Britannia）に変更した。編集長は依然としてクリスタベルで、同紙のモットーは、「FOR KING（国王のため） FOR COUNTRY（国のため） FOR FREEDOM（自由のため）」であった。

一九一四年八月には、出征していく兵士も、送り出す家族、社会、政府も、「戦争はクリスマスまで」と楽観視していたと伝えられる。しかし、戦争は一九一八年一一月一一日午前一一時まで続いた。その間に世界で九九〇万人以上の兵士が戦死し、少なくとも二二〇〇万人の兵士が負傷した。加えて、戦禍で七五〇万人以上の民間人が生命を失った（欧米の各種統計の中間値。以下同）。

英国では、九〇万人を超える兵士が戦死し、二〇〇万人を超える戦傷兵を出す結果となった。

Ⅱ

私たちのシルビア

「人民軍」を組織した「パシフィスト」

母親と姉によって組織から追放されたものの、シルビア・パンクハーストは、WSPUを設立した中心メンバーの一人であり、追放されるまでWSPU闘争の重要なメンバーであった。組織内の正規のポジションは、「名誉書記」(Honorary Secretary)で、運動のオルガナイザー、演説者、著者、デザイナーとして広範な役割を果たしていた。

しかし、シルビアの闘争の究極的な目的は、女性参政権獲得を超えるものであった。また、その目的達成のための闘争形態も、WSPUのそれとは大きく異なっていた。これらが原因となって、彼女はWSPUを追放されたのだが、追放された後に彼女が新たに立ち上げた組織は、シルビアの思想を大きく反映し、女性参政権運動の歴史の中できわめて異色で鮮明な光彩を放つことになった。

シルビアが、母親や姉と大きく異なる点の第一は、彼女が「パシフィスト」(pacifist)であったことだ。しかし、暴力には屈することなく、暴力に対しては、物理的に対抗する姿勢を堅持した。

「パシフィスト」は、一般に「平和主義者」と和訳されるが、英国では幅広い概念だ。「殺されても殺さない」「あらゆる形態の暴力行使を否定」する者から、状況によっては武力行使も一定限度まで認める者まで含まれる。また、「平和主義者」には、侵略戦争や大虐殺とは武力で戦い、異国の紛争にも、その内容によっては人道的観点から介入するのが正義であると考える人々をも含む。

シルビアは、自分の演説の後に投石で窓ガラスを一枚壊したり、逮捕され獄中闘争を行うために銀

シルビア・パンクハースト（Wikipediaより）

行の窓ガラスを一枚壊したことはあったが、彼女の破壊活動はその程度であった。ＷＳＰＵの破壊活動参加には、きわめて消極的だったのだ。しかし、破壊活動を推奨する母親や姉を批判し、積極的に阻止しようともしなかった。この事実を、彼女は後年になって認めている。

シルビアの「パシフィスト」的側面は、彼女が言葉と行動によって第一次世界大戦に断固として反対した事実にこそ明確に表れている。主戦論一色に近い状況での、孤高の反戦闘争であった。

彼女は、自分や自分たちの組織の暴力行使には反対であったが、官憲などの暴力を加える勢力には毅然として立ち向かい、対抗措置として力でみずからと人々を守る姿勢を示した。

彼女のこの姿勢を顕著に表しているのが、彼女が一九一三年一一月五日に創設した「ピープルズ・アーミー」(People's Army) だ。和訳すれば「人民軍」になるが、武力闘争を目的とするものでは決してなかった。また、小銃を手にした男女メンバーが、イースト・エンドのビクトリア・パークで軍事教練的なスタイルの訓練も行ったが、当局に対して「人民軍」の確固たる意志を象徴的に伝え、当局の暴力による組織弾圧を牽制するのが目的であった。

「人民軍」は、男女で組織されている。「軍」と言っても、自衛のために地域住民が集団になって暴行から人々を守るのが目的だった。常設ではなくボランティアによって構成され、必要に応じて駆けつけて官憲などと闘った。訓練は、貴族出身の退役軍人や、シルビアの右腕であった写真家のノーラ・スミスが担当した。

特徴的なのは、「人民軍」が守るのは、官憲やフーリガンから暴行を加えられる、参政権運動に参加している女性のみではなかったことだ。労働争議中に資本家に雇われて、ストライキや集会を暴力で潰そうとする連中などから労働者を守るのも、重要な目的であった。このため、一〇〇〇人前後の構成員の大多数は労働者階級の男女であった。最盛期には、女性が七〇〇人以上参加していた。

「人民軍」は、武装集団ではなく象徴的なものであったが、女性参政権運動と労働者解放運動を融合させるシルビアの考え方を、一つの背景としていた。

女性解放と労働者階級の解放をともに

労働者階級が大多数を占めるイースト・エンドを基盤として活動するシルビアは、中流・上流の富裕層が多いウェスト・エンドを基盤としている母親や、パリで生活している姉の目にはとまりにくい複雑な社会状況に、活動の当初から直面していた。

シルビアがイースト・エンドで本格的な活動を始めた当時は、一八八四年に改正された選挙法が最新の投票制度を規定していた。それによると、投票できるのは成人（二一歳以上）男性で、家屋を所有している者と年間に一〇ポンド以上の家賃を支払っている者であった。

この制度は、年齢と「財産条項」に基づいて有権者を限定するもので、それ以前の制度よりは改善されたものの、全国推定で四〇％の成人男性にはまだ参政権がなかった。

イースト・エンドの住民の多くは、貧困家庭で粗末な借家住まいである。そのため、「財産条項」で除外され、成人男性労働者の大多数に参政権がなかった。このような地域で、女性参政権のみを訴えて地域住民の共感と支持を得ようとしても限界があった。

シルビアは、女性に参政権がないのは「女性差別」であり、資産を持たない男性、財力がない男性に参政権がないのは「経済的差別」と考えた。したがって、解決すべき問題は、女性差別に限定されるのではなく、男女の双方が受けている「人間差別」であると訴えた。その撤廃のために、性別にこだわることなく女性と男性がともに闘うべきと、地域で呼びかけた。

このような視点を持ってイースト・エンドに入植し、女性参政権を訴え始めるとすぐにより根本的な問題に直面する。

住民の多くにとって、女性参政権より緊急に必要とする多くのものがあった。何より必要だったのはその日に食べる物であり、その日の仕事であった。一家の稼ぎ手も空腹で日々をすごし、早朝に波止場へ出かけていき、その日にある低賃金の時給労働を労働者同士が奪い合っていた。こうした状況は、港湾で労働組合ができるようになっても、かならずしも改善されていなかった。

劣悪な環境の町工場で低賃金で長時間働かされ、家に帰ればパンにマーガリンを塗って食べる以外に、金銭もエネルギーもない疲れきった若い女性労働者が数多くいた。町工場で仕事に就けない主婦たちは、一間の借家でマッチ箱・ブラシ・麻袋などの小物作りの内職を、子どもと一緒に夜遅くまで行い、わずかな加工賃を得ていた。子どもも真冬でも外で素足で働いていた。店の品物の配達や掃除など些細な仕事をしながら家計を支えていた。子ども時代のない子どもたちであった。明日の楽しみや未来の希望どころか、明日や未来の概念さえ喪失してしまった若者も多くいた。

搾取される職場や内職さえない女性もかなりいた。彼女たちは、売春で生きていかざるをえなかった。宗教者は、売春する女性の魂は、死後に地獄へ落ちると説いた。クリスタベルや、中流・上流の知識人の多くが、売春婦のモラルを問題にした。しかし、シルビアは、女性のモラルが売春の原因ではないと考えた。彼女たちは、この世ですでに地獄のような生活を強いられている。経済・社会システムが貧困を生み出し、彼女たちを地獄生活に追いやっていると考えた。

夫が失業すると、妻や子どもが町工場の仕事や内職で多少稼いでも、食料を買うのが精いっぱいで家賃が支払えなくなり、借家を追い出されるケースも頻繁に起きていた。

一九一一年には、自由党が、雇用労働者を対象に基本的な保険制度を設けたが、限定的なものである上に、家族は対象にならなかった。就労していない女性・子ども・高齢者などの経済的弱者は、医療サービスを受けることがきわめて困難であった。

このような社会・経済状況のイースト・エンドでは、参政権を得るだけでは、大多数の地域住民にとって大きな意味がないと考えた。変えなければならないのは、女性差別や財力のない男性差別のみではなかった。このような生活を人々に強いている経済と社会システムを変えなかったら、投票権という一つの権利の獲得には限られた価値しかなかった。

シルビアは、女性も男性も、貧困・失業・搾取・疫病から解放され、人間が人間らしく生きていける経済・社会システムを作るのが何より大切と考えた。そのためには、そのようなシステムを構築していく政治に変えなければならない。その政治変革を実現するには、女性にも財力のない男性にも投票権が必要で、投票権を得ることは、イースト・エンドのすべての人々の生活を変えることにつながると、シルビアは地域で訴えた。

究極の目的が、経済的・社会的弱者の救済であり、そのために女性参政権が必要だと訴えたのである。女性参政権の獲得は究極の目的達成のための一手段であり、第一段階であるとのシルビアの考えは、救済を必要としているイースト・エンドの人々を動かすことになる。

シルビアは、女性の参政権獲得闘争と社会主義運動とを融合させた、英国で最初の女性であった。

エンパワーメント

女性と労働者階級の双方の解放をめざしたシルビアの運動では、組織幹部と組織の一般メンバーとの関係が、WSPUの場合とは大きく異なっていた。

WSPUでは、パンクハースト夫人を中心とする幹部が、いつどこで何をどのように行うかを決定し、本部が主体となって企画を推進し、その活動にメンバーの参加を求めた。

例えば、WSPUの幹部が、ハイド・パークを会場として参政権を訴える野外集会開催を決定し、当日のデモ行進のルートを定め、どの演説ステージで誰が演説するかを決めていた。本部がその企画を全国の支部へ伝達し、支部メンバーと支部地域の一般住民の参加を求めたのである。幹部が政府・社会に訴える内容と方法を決定し、幹部自身が訴え、一般メンバーはその訴えを聞いて理解し、社会にさらに普及して、賛同意見が広まるのを期待したのであった。

機関紙の役割も、ＷＳＰＵ幹部の訴えをメンバーと地域社会に広めることにあり、訴える内容は幹部が決め幹部が執筆した。メンバーと一般社会人に期待されたのは、幹部の訴えを読んで理解し、社会でより多くの人々に伝えることであった。

こうしたＷＳＰＵ幹部の考え方とは対照的に、シルビアは「上意下達」による組織運営を否定していた。活動の中心メンバーと組織の一般メンバーとの間には、「指示する者とその指示を受け入れ実行する者」「参政権を訴える側と訴えを聞く側」「立案・企画する者と賛同し参加する者」などのような関係はなかった。

シルビアには幹部という意識さえなかったが、彼女と活発な同志の役割は、女性や労働者に発言する力、抗議する力、闘う力を養うことであった。シルビアが、女性や労働者に代わって発言したり、抗議したりするのみでは、多くの問題は解決しないと考えた。問題解決に必要不可欠なのは、女性・労働者・社会的弱者が、彼女・彼らが抱える問題を、職場で、地域で、あるいは政府に対して訴えていく力を養うことであると考えた。

「女性にも参政権を与えるべきだ」「家賃が不当に高すぎる」「職場の環境が劣悪だ」「低賃金で長時間労働だ」「医療費が高く子どもが病気になっても医者に診てもらえない」「仕事がない」など、女性・労働者みずからが問題を訴える力を養うことが、シルビアたちの最初の課題と考えた。

シルビアの闘争の出発点は、イースト・エンドの人々が潜在的に持っている問題解決のために闘っていく力を、シルビアとの共同の活動を通して発見させることであった。その発見があれば、人々が勇気・自信・自尊心を持って問題を社会に訴え、その解決のためにみずから闘い始めると、シルビアは確信していたのだ。

このように、シルビアが考える彼女の役割は、組織のメンバーと地域社会の人々の力を養う「エンパワーメント」(empowerment) であった。

この考え方に基づいて、シルビアは、女性参政権集会ではみずから演説するのみではなく、毎回、各地域を代表して数人の女性に演説をさせた。

集会の目的が女性参政権の必要性を説くだけであれば、彼女一人で十分であった。彼女は、一九一一年には米国、一三年にはスカンジナビア諸国、一四年には中央ヨーロッパで女性参政権に関する講演旅行を行う力量を持っていた。また、既述のように、彼女は、労働者支援と貧困救済のためにRAHを満杯にした男女に向かって演説し、人々の心を動かす説得力も持っていた。

ボー地区などでの地域集会での発言を超えて、ロンドンでの大集会での演説や、政治家相手の交渉にも、労働者階級の女性が自信と自尊心を持って臨めるように、シルビアは手立てを施している。希望する女性には、方言や訛《なま》りを矯正するために言語矯正師を斡旋《あっせん》した。また、演説の修辞法の専門家を招いて、演説の訓練の機会も設けた。

後述のように、シルビアは活動の進展に応じて機関紙を次から次と発刊した。それらの機関紙には、WSPUやそのほかの女性参政権機関紙と異なって、一般メンバーや地域の人々に積極的に記事を書かせている。投書を掲載するのみではない。機関紙の紙面全体に、地域社会の人々の声を直接反映させて編集する方針を採用していたのである。

このようにして、シルビアはイースト・エンドの人々の上に立つのではなく、人々と肩と肩を並べて闘いを続けた。彼女は、地域の男女の日常生活の中に、一人の住民として存在した。人々は、彼女を「私たちのシルビア」と呼んだ。

警官隊による熾烈な弾圧

イースト・エンドの、生きていくのに厳しい生活・社会環境は、人々の激しい気性を生み出すと同時に、人々が寄り添って生きていく中で深い人情も醸しだしていた。土地柄を反映して、シルビアの闘争は、ウェスト・エンドを基盤とする闘争では見られなかった新たな困難を伴った。しかし同時に、ウェスト・エンドでは限られていた地域の一般男女の支援が次第に寄せられるようになる。

シルビアがイースト・エンドで活動を開始したころは、街頭演説を行うこと自体に大きな困難を伴った。演説を始めると、子どもが小石をよく投げつけた。シルビアを攻撃するのが目的ではなかった。シルビアを取り巻く人だかりの中で面白半分に悪ふざけをするのであった。また、男性の中には、女性を揶揄《からか》うために、腐った野菜や魚を彼女に投げつけて喜ぶ者がいた。古新聞に放尿して尿を沁み込ませて投げつける男もいた。

当時イースト・エンドでは、女性が社会で何かを不特定多数の公衆に向かって訴える風景自体が、きわめて稀だった。その結果、街頭演説は物珍しく、人々がふざけて喜ぶ機会にさえなった。しかし、シルビアたちが繰り返し繰り返し試みる中で、人々は次第に真剣に耳を傾けるようになった。特徴的なのは、イースト・エンドでは、男性女性にかかわりなく聴衆が増えていった点である。そして、街頭演説や集会を警察が腕力で弾圧しだすと、聴衆が体を張ってシルビアたちを守るまでに、地域の理解と支援が高まっていった。

シルビアも、「ブラック・フライデー」など、残虐な警官の暴行を目撃・体験していたが、イースト・エンドでは、警官による弾圧は事あるごとに繰り返され、熾烈《しれつ》な闘いとなっていた。次の二つの事例のみからでも、警官の弾圧の残虐さが窺《うかが》い知れるだろう。

①一九一三年一〇月一三日に、ボー地区の人々がシルビアの講演を聞く集会を開いた。ところが、彼女を逮捕するために会場内に潜伏していた私服刑事と制服警官が、彼女を逮捕しようとしたのみではなく、メンバーや聴衆に暴行を加えた。その様子は次のように描写されている。

「警官が会場内の椅子を壊してそれで周囲の聴衆を叩き出した。メアリー・リーは、殴られて気を失い転倒。警察の棍棒で殴られて二人の女性が腕を骨折。多くの男女が警官との乱闘で身体各所に負傷を負う。ゼリー・エマソンは、頭部側面を殴られて頭蓋骨骨折。彼女を診察した医師によれば、殴られた個所が頭部の数ミリ後方であれば、彼女は死亡していたという。」

(A Sylvia Pankhurst Reader, pp.55-56.)

警察の暴力行使が、シルビアの逮捕のみを目的としたのではなく、集会そのものを暴力で弾圧する違法・残忍なものであったが、イースト・エンドの特色の一つが表れ出る事件でもあった。警察はシルビアを逮捕できなかったのである。壇上のシルビアへ私服刑事が近づくと、聴衆が、「飛べ、シルビア！ 飛べ！」と叫び、壇上から飛び降りた彼女を多くの男性が守り、会場の外へ連れ出し、そこで見張っていた少年が荷車の荷の中に彼女を隠し無事に連れ去ったのである。

②この事件の二カ月後の一九一三年一二月一四日には、ゼリー・エマソンが、ボー地区の民間集会施設を借りて抗議集会を開いた。シルビアは、一〇月の事件後に別件で逮捕され投獄されていて不在だった。集会は、当局の圧力によって、イースト・エンドの公共施設のどれもが、女性参政権集会の目的では借りることができなくなった状況に抗議するために、開かれたものだった。

集会の後、エマソンは、区議会議員の家へ向けてデモ行進を主導した。デモ参加者は女性と子どもが中心で、ガス労働者組合の音楽隊が先頭に立った。一団が区議会議員宅に近づくと、一帯の街路のガス灯が消されていて周りが闇となっている事実に気がついた。その瞬間に騎馬警官隊が襲いかかってきた。

この暗闇を意図的に作っての騎馬警官隊の襲撃により、五人の子どもを含むデモ行進メンバーの多数が怪我を負い、数人が重傷を負った。逮捕者も九人出ている。

子どもを含む無防備のデモ行進に、馬に乗った警官隊を襲いかからせる土地柄であった。

イースト・エンドの警官は、このように残忍な攻撃を女性にも加えたが、警官の弾圧が強まれば強まるほど、地域の労働者は男女ともにより強くなり団結を強めて、官憲に立ち向かっていった。そのような女性の一人が、マーガレット・パタソン（Margaret Paterson）であった。

パタソンは、ある日、シルビアの屋外集会に参加し、周辺の路上で旗を掲げて人々を誘っていて警官に逮捕された。その際に、護身用に持っていた手製用具で警官を叩いたとの嫌疑で、警察裁判所で裁判にかけられた。用具は、麻製ロープに結び目をたくさんつけて、数十センチメートルのこぶが連続した棒状のロープにしたもので、その先端に鉛の小さい塊をつけていた。彼女は、騎馬警官八人と巡査二人に追いつめられて逮捕された。

パタソンは、警察判事に向かって、裁判の最後に次のように述べている。

「……あなたたちは、一〇人の男と馬八頭を使って私を逮捕した。そしてシルビア・パンクハーストたちを刑務所へ再び引き連れていった。あなたたちは、イースト・エンドに火を点けた。この次は、男一〇人と馬八頭では足らないだろう。」

(The Woman's Dreadnought, 21 March 1914)

新組織と機関紙「ウーマンズ・ドレッドノート」

シルビアは、WSPUを追放された後、イースト・エンドのそれまでの闘争仲間と新たな組織を設立し、独自の機関紙も発行して、WSPUから完全に独立した運動を展開する決意をした。

組織名の検討中に、組織名に「サフラジェット」を加えることに、WSPU幹部から批判が寄せられた。

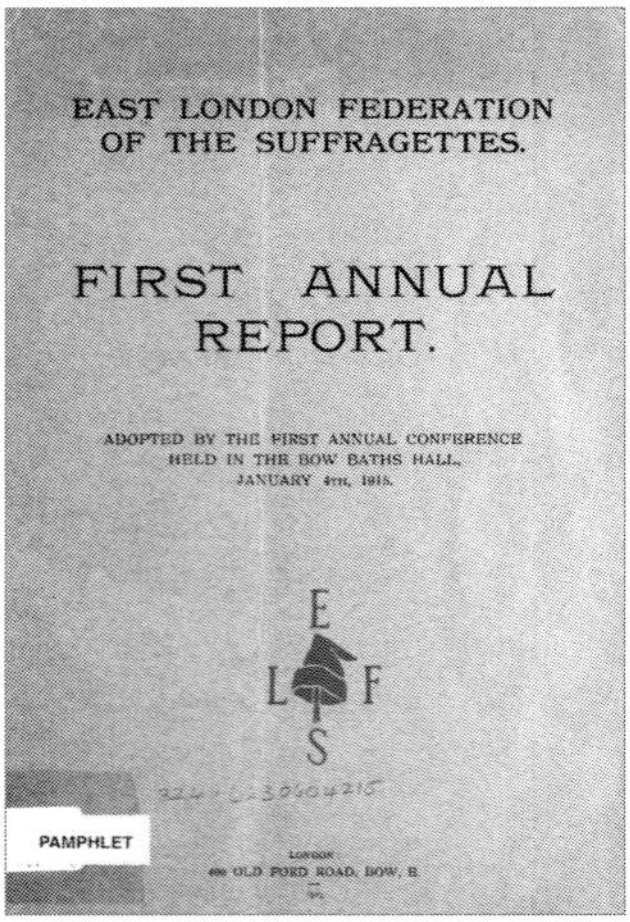

ELFSの最初の年報（1915年1月4日発行）

しかし、最終的に、シルビアたちが考えた「イースト・ロンドン・フェデレーション・オブ・ザ・サフラジェッツ」（East London Federation of the Suffragettes＝ELFS）に決定した。

多くの参政権運動組織が存在し類似名が多いため、混乱を避けるために組織名に便宜上「フェデレーション」が使われた。それが「連盟」「同盟」「連合」などのどの意味かを考える必要はないであろう。「東ロンドンのサフラジェットの団体」程度の意味である。「サフラジェット」は、その複数形の「サフラジェッツ」にしている。これにも特に深い意味があるわけではない。

ELFSのシンボル・カラーは、従来のパープル・ホワイト・グリーンに、レッド（赤）を加えた。レッドは、「リバティ」（自由・解放）のシンボルとして採用した。

この新組織は一九一四年一月二七日に確立し、同年二月から独立した活動を開始し、翌月三月八日から機関紙「ウーマンズ・ドレッドノート」（The Woman's Dreadnought）を発行した。「ドレッドノート」は、一九〇六年に竣工した英国海軍の戦艦名で、巨砲を搭載する、当時世界最先端の軍艦であった。「女性のドレッドノート」である。

機関紙編集者はシルビアが務めた。パシフィストであった彼女は、機関紙に軍艦の名前をつけるのには反対で、「女性の友」などを候補として考えていたが、周囲の意見を民主的に聞き入れて、多数決の結果採用した。

三月八日に発行したのは、「国際女性（婦人）デー」に合わせたものだった。この号は、「ウーマンズ・ドレッドノート」の発行を案内する特別号であったが、労働者階級の働く女性が参政権獲得運動に大きく貢献できる可能性を簡潔に述べている。クリスタベルへの挑戦とも受けとれる。

「ある人々は、働いている女性の生活は厳しすぎるし、彼女たちの教育レベルは低すぎるから、彼女たちは投票権の獲得をめざす運動で、強力な声にはなりえないと言う。そのように考える人々は、歴史を忘れてしまったのだ。」

第一号は、三月二一日発行で、一面には、過日トラファルガー・スクエアで行われた集会の報告を、シルビアの体験記のスタイルで記事にして、署名入りで掲載している。

五月二三日発行の号では、翌日に予定されているELFS主催の、「ウーマンズ・メーデー」（後述）の案内がトップ記事である。翌週の各地における集会案内も一面に掲載されている。

機関紙は八ページ立ての週刊になり、三万部程度印刷されたが、第一面トップの機関紙名の右上に、「二万部配布の保証」と明記している。売価は、発行から四日間は〇・五ペニーだった（この売価は、当時の諸資料から計算すると、パン一七〇グラム程度の価格に相当する）。五日目からは無料で配布された。イースト・エンドの人々の生活実態に合わせる配慮であった。

記事は、女性参政権問題に加えて、人々の日常生活にかかわるすべての問題を扱っている。子どもの健康、家賃引き下げ要求、失業、食糧難などきわめて多彩だ。労働争議の記事もある。食品工場が低賃金の若年女性を採用して、長年勤めていた女性を解雇したのに抗議して、一〇〇〇人の女性と六〇〇人の男性がストライキを起こしたことなども詳しく報道している。

シルビアの執筆記事には次のようなテーマもある。

◆私たちはどのようにして投票権を獲得するか（一九一四年三月二一日）
◆獄中で食料と水の摂取を拒否するストライキとその身体への影響（一九一四年四月一一日）
◆女性の最低賃金（一九一四年九月一二日）
◆搾取のスキャンダル（一九一四年一〇月二四日）
◆徴用にどのように対応するか（一九一五年三月二〇日）
◆働く女性の味方になれ（一九一五年三月二七日）
◆母親の出産時の死亡率（一九一五年一一月六日）

「ウィミンズ・ホール」と本部設置

ＥＬＦＳの立ち上げと機関紙発行の作業と並行して、シルビアたちは組織本部として使用する大きなホールとそれに隣接する一軒家を、一九一四年五月から借りた。

借家には夫婦が家主のようにして常住し、シルビアとノーラ・スミスが間借り人となって生活した。シルビアが投獄生活によって病身となって帰宅したときなど、ノーラとこの夫婦が看病してくれる場所にもなっていく。

隣のホールがＥＬＦＳ本部で、「ウィミンズ・ホール」と名づけてメンバーと地域の女性の交流の場としても活用した。地域とともに闘うシルビアの姿勢を物語る場所だ。

ホールには、図書室も設けた。ホールを会場として行われた活動には、集会、講演、合唱練習と発表、小コンサート、各種のクラブ活動などがあった。

ホールを使って、一四歳から一八歳の女子を対象に「ジュニア・サフラジェット・クラブ」を作った。若い女性に参政権の必要性を理解させる目的もあったが、女性たちが若いときから地域の問題をみずから考え、お互いに助け合う精神を育成するためでもあった。

女性がしっかりと家計をやり繰りする知恵を養う社会教育の一環として、「クリスマス節約クラブ」も作った。クリスマスに母親が子どもに何かを買ってあげられるように、母親たちがクリスマスまでお互いに励まし合って、節約して貯蓄するのである。

ホールが地域に解放されてしばらくすると、女性が悩みを持ち寄って話し合い、協力して解決する途《みち》を見出す場所に自然となっていった。「生活で困ったらまず最初にウィミンズ・ホールへ」と、地域の女性にとって救済の場となったのである。さらには、女性労働者がストライキを打つと、ホールが闘争本部になった。

本部兼用のウィミンズ・ホールの設置に続いて、ＥＬＦＳはイースト・エンド内にさらに三カ所ウィミンズ・ホールを設けた。

女性を鎖でつないだ「ウーマンズ・メーデー」

シルビアたちはELFSを設立する前年（一九一三年）に、最初の「ウーマンズ・メーデー」（「ウィミンズ・メーデー」の表記も見られる）を、港湾地区から「イースト・エンドのハイド・パーク」と呼ばれる、ビクトリア・パークまで行進して開催した。参政権を訴える企画ではなく、女性たちのフェスティバル開催が目的だった。しかし、港湾労働者組合などから男性も多く参加し、女性のお祭りというよりも、地域の男女労働者の祭典という色彩が強かった。

若い女性は、皆、希望・豊饒の象徴であるアーモンドの開花した小枝を持ち、自由・解放のシンボルである赤いキャップをかぶって、バナーや旗を掲げて音楽隊の演奏とともに行進した。その準備に何週間もかけている。仕事で疲れきっている彼女たちであったが、多くが時間を割いて、目を輝かして準備に参加したという。人生の将来の楽しみどころか、先のことは明日の仕事しか脳裏に浮かばなかった多くの女性が、「数週間先の自分たちのお祭り」を心に描いて友と語り、その日を心待ちしたのであった。

一九一四年五月二四日には、ELFS主催で、「ウーマンズ・メーデー」を開催した。その案内を前日に「ウーマンズ・ドレッドノート」に掲載したが、大見出し「ウーマンズ・メーデー」直下に「フェスティバルとカウンシル・オブ・ウォー」（Council of War）という副題がついている（The Woman's Dreadnought, 23 May 1914）。「カウンシル・オブ・ウォー」は軍事用語で、作戦会議や軍事会議を意味する。特に戦闘中に戦闘をどのような方向に展開するかを決定する会議を指す。

副題の「カウンシル・オブ・ウォー」が示唆するように、参政権運動は大きな分岐点に差しかかっていた。バッキンガム宮殿で国王に直訴しようとしたパンクハースト夫人が逮捕された事件が起きたのは、この三日前であった。その逮捕・投獄と当日の警官の女性への暴行に抗議する破壊活動は、二日前に起き、従来のホワイトホールでの建物破壊に加えて、「ナショナル・ギャラリー」と「ロイヤル・アカデミー・オブ・アーツ」の絵画六点の破壊を行うまでになっていた。WSPUの女性参政権闘争が実質的終焉《しゅうえん》を迎えようとしている状況が、このメーデーの背景にあった。

集会会場のビクトリア・パークには、演説用ステージが九カ所に設けられ、四〇人が演説する計画であった。演説予定者には以下の人々が含まれていた。

◆シルビア・パンクハースト（ELFS名誉書記）
◆女性参政権男性同盟設立者の一人
◆ジョージ・ランズバリー（元労働党国会議員）
◆米国フィラデルフィアの女性参政権党副議長

当日、シルビアたちは、ウィミンズ・ホールからビクトリア・パークに向かった。「キャット・アンド・マウス法」で警官がシルビアを逮捕しようと試みるのは明らかであった。そのため、数人の男性を含む二〇人が正方形に並び、その中心にシルビアを入れた。そして二〇人全員が腰にベルトをつけて鎖で連結した

［上］「マザリング・サンデー」（四旬節）に、病身で担がれてデモに参加するシルビア。［下］鎖で身を縛ってシルビアを守った20人（年報より）

後、保護するシルビアのベルトとも鎖でつないだ（ELFS年報第1号／ELFS First Annual Report, 4 January 1915, pp.10-11.）。

シルビアたちがビクトリア・パークの入り口に近づくと、制服警官が門を開いて公園内へ入れてくれたが、入ると直ちに門を閉めた。その直後に、シルビアを守る鎖で連結した男女の一団に、男たちが襲いかかった。襲いかかってきた五〇人ほどの男たちは、市場の業者に変装した警官だった。

警官は女性の顔面を殴り、髪を引っ張り、腕を捻じ曲げ、手の指を手掌から手背へ押し曲げて激痛を与えた。そして、鎖を棍棒などで断ち切り、四人の私服刑事がシルビアを殴って捕まえ、タクシー内へ投げ入れて走り去った。

シルビアの命をかけた首相との対決

「ウーマンズ・メーデー」で逮捕・投獄されたシルビアは、従来通りハンガー・ストライキに入った。

彼女のハンガー・ストライキはＷＳＰＵのメンバー以上に徹底したもので、食事はもとより、飲料水も拒否した。さらには睡眠も拒否し、眠りに陥るのを避けるため、独房の壁と壁の間を行き来してひたすら歩いた。

当局は、シルビアはＷＳＰＵのような破壊活動は行わないが、当局と闘う彼女の姿勢は誰よりも強固で、徹底したものであることを十分承知していた。また、ＷＳＰＵが運動に行き詰まり、より過激な破壊活動に走って、社会の強い批判を浴びているのとは対照的に、彼女をリーダーとするＥＬＦＳは、イースト・エンドで大きな支持を獲得しつつある状況も熟知していた。

シルビアが万が一獄中で死亡すると、政府にとって大きな打撃になると考え、閣僚は彼女の獄中闘争の成り行きから目を離すことができなかった。そのため、内務大臣は刑務所の医師に特令を発して、一日に二度彼女の健康状態を観察・検診し、診断結果を毎日二回大臣に直接報告させていた。

徹底した獄中ストライキの結果、シルビアは再度獄中で倒れてしまった。そして「キャット・アンド・マウス法」で五月三〇日に一時釈放されると療養する暇《いとま》もなく、新しい闘争を開始した。

彼女は、アスキス首相に書簡を送り、イースト・エンドの働く女性代表団と面談して、女性参政権について彼女たちの意見を聞くよう要請した。しかし、要請が受け入れられなかったので、要請ではなく面談を要求する手紙を出した。それも拒否されたので、「首相が面談を拒否すれば死ぬまで刑務所の内外でハンガー・ストライキを継続する」旨を伝え、その決意を公に発表した。

命をかけて首相に面談を迫ったシルビアは、一九一四年六月一〇日に、イースト・エンドから国会議事堂へ面談を要求してデモ行進を行う決定を下した。

シルビアの徹底した闘争姿勢を時系列で確認すると、次のようになる。

五月二四日　「ウーマンズ・メーデー」に参加しようとして逮捕され投獄
五月三〇日　獄中のハンガー・ストライキの結果倒れ、一時釈放
六月初旬　首相へ書簡数通を送って、代表団との面談を要求
六月一〇日　面談受け入れを要求するデモ行進実施

六月一〇日のデモ行進は、ＥＬＦＳ本部前を午後八時に出発する計画であった。出発時間を午後八時に設定したのは、働く男女がその日の仕事を終えてデモに参加できる時間にしたからだ。しかしその時刻でも、長時間労働の上に徒歩で出発地点に向かう人が圧倒的で、多くの人々が夕飯を食べることなく職場から本部前に直行している。

このデモ参加には多くの危険が伴った。

まず、国会まで片道八キロメートルである。二時間かかる。北国の英国の日没時間は、日本より遅いが、夏場でも午後八時をすぎると日が傾く（当時は、まだ「夏時間」を導入していなかった。ロンドンの当日の日没は午後八時一七分）。往路の途中で夕闇が迫る。それから一時間前後さらに歩いて国会議事堂に着き、帰路を二時間かけて歩くのだ。帰宅はどんなに早くても真夜中である。

この夜間のデモ行進中に、警官やフーリガンに襲われる可能性があった。暴行を加えられる覚悟が必要だった。逮捕されれば失職につながる可能性が高い。このような危険を冒して、デモ行進には数

千人の男女が参加した。

シルビアは、獄中闘争で倒れた一一日後で、歩くことはできなかった。しかし、デモ行進に参加し一団を主導した。彼女は、背もたれを取りつけた担架に乗せられて行進に加わった。出発点からビクトリア・パークの南側を通って行進したが、通りを数本横切ったところで警官が襲いかかってきた。シルビアの担架を持ち運んでいる人々を殴り飛ばして、シルビアを一時釈放条件の違反で再逮捕し、ホロウェイ刑務所に再投獄するため車で連れ去った。

警察は、シルビアを逮捕すればデモ参加者は意欲を失って、デモは自然解散になると期待した。そのため、行進が始まると素早く彼女を逮捕したのであった。しかし、警察の予想に反してデモ隊は怯《ひる》むことなく、国会議事堂へと行進を続けた。

音楽隊が演奏しながら通過すると、沿道は男女でいっぱいになった。人々はデモ行進参加者に敬意を表し、脱帽して頭を垂れていた。多くの人々が感極まって涙を流しながら行進を見送っていた。沿道の空気は宗教的静寂に満たされていたという (The Woman's Dreadnought, 13 June 1914)。

国会議事堂へ着いたデモ隊は、首相との面談を求めた。しかし、予測通り、時間がとれないと係官が伝え、全員が抵抗することなくイースト・エンドへ引き返した。

そして翌朝には会議を開き、イースト・エンド各地域のメンバーが、毎日の仕事を終えたら可能な限り繰り返して国会へ出かけ、首相との面談を求めて地元選出議員に訴えるキャンペーンを開始した。同時に、選出議員へ手紙や葉書を送って訴えるキャンペーンも始めた。

シルビアは女性参政権運動でもっとも多く逮捕・投獄された女性と表現されるが、「ウーマンズ・

メーデー」で逮捕されて獄中闘争を行い、メーデーから一七日後に再度投獄されたのである。

六月一八日午前一一時付で、刑務所の医師が当日の一回目の報告を内務大臣に出している（The National Archives HO 144/1558/234191）。

報告書は、「シルビアは、前夜を眠らないですごし、吐き気をもよおし、血液交じりの鼻水を流し、入獄した一〇日から今日までハンガー・ストライキに入っているので衰弱しきっている」と、病状を観察し、「これ以上獄中で拘留することは勧められない」と述べている。内務大臣がこの報告を受け、この日の夕方五時三二分にシルビアは一時釈放された。

刑務所を出た瞬間に、シルビアは多くの人々の拍手で迎えられた。彼女が投獄されている間、イースト・エンドの人々が毎日交代で刑務所を訪れ、シルビアの釈放を刑務所に訴えていた。同時に、刑務所前に佇んで徹夜してシルビアの安全を祈り、獄中の同志の痛みを心で分かち合っていたのである。長時間労働や家事・子育てで疲れきっている女性たちが、どうにかやり繰りをして、交代で二四時間刑務所の前で釈放を訴えながら、闘争の痛みを分かち合うのが、イースト・エンドの同志の伝統となっていた。早朝に二時間程度佇むために夜明け前に家を出て、片道八キロメートル程度歩いて刑務所へ来る女性もいた。

ノーラ・スミスは、病身のシルビアをいつでも運び去れるように車で待機していた。しかし、シルビアは休養を拒否し、歩く体力さえないのに、水と気つけ薬としてブランデーを口にすると、首相に代表団受け入れを迫るために国会議事堂へとノーラに車を走らせた。

シルビアは、自力で歩くことができなかった。ノーラと駆けつけたＥＬＦＳメンバーに両脇を支えられて議事堂入口へたどり着いた。そこでシルビアは、アスキス首相がイースト・エンドの働く女性と会う約束をするように再度要求した。首相関係者がシルビアの病状や要求を議会内で伝達し合ったが、首相は面談を承諾しようとは決してしなかった。

そこで、シルビアは死ぬまで面談要求を続ける公約を果たすため、議事堂の一般訪問者入口近くに建つクロムウェル像の近くで地に身を伏せた。クロムウェルは、一六四九年に、専制君主チャールズ一世を斬首刑に処して清教徒革命を行い、共和制を樹立した政治家である。死を覚悟したシルビアの姿に、さすがのアスキス首相も折れた。キア・ハーディやジョージ・ランズバリーの仲立ちもあり、首相はイースト・エンドの労働者階級の女性六名と二日後の六月二〇日（土曜日）に会う約束をし、ハーディを通じてシルビアに伝えた。

首相を動かした六名の働く女性

アスキス首相がＥＬＦＳ代表者との面談を承諾した事実は、シルビアを中心とするＥＬＦＳの運動の正当性と有効性を社会に示すものであった。

また、イースト・エンドの労働者階級の女性のみと首相との面談を、ＥＬＦＳ創立からたった四カ月半後、機関紙「ウーマンズ・ドレッドノート」第一号を発行した三カ月後に達成したのは快挙であった。シルビアを追放したＷＳＰＵ幹部にとっては大きな驚きであったに違いない。

土曜日に設定された首相官邸での面談の準備をする時間は、金曜日一日しかなかった。シルビアは、

20 ANNUAL REPORT.

GETTING READY FOR ACTION.

THE DEPUTATION TO THE PRIME MINISTER.

アスキス首相を動かした６人の働く女性（年報より）

ＥＬＦＳの各地域の女性メンバーに代表者を互選させた。シルビアやノーラは、当初から六名に含めない考えだった。労働者階級の女性がみずから政府や社会に問題を訴える力をつける絶好の機会だ。シルビアがめざしたエンパワーメントの実践である。

六名の代表団のリーダーは、ジュリア・スカー（Julia Scurr）に決定した。彼女は、ＥＬＦＳ結成の際に、ハーディやランズバリーなどとともに設立を支援した一人であった。夫（ジョン）とともに、かつてはマルクス主義の「社会民主連盟」の活動家で、エレナー・マルクスやイースト・エンドの社会主義者や労働組合活動家と交流があった。

ジュリアは、ロンドン港を封鎖した港湾ストライキの際には若年だったが、飢えかけた港湾労働者の子どもたちに食料を供給するために奔走した女性の一人だ。また、失業者救済、医療施設改善、移民の生活環境改善、不当家賃闘争などを主導し、投獄されても闘い続けた女性の一人でもあった。後年、ジュリアは、イースト・エンドの一地区の区会議員からロンドン議会議員になり、夫のジョンは、労働党の国会議員になった。

スカー夫妻は、イースト・エンドの歴史に残る。ビクトリア・パークの南側にある一つの小学校の校名は、「ジョン・スカー小学校」である。二一世紀の今日も、スカー夫妻の活動を学校案内で紹介し、夫妻の「人間の平等のための闘争」を称えている。

首相との面談には、大蔵大臣ロイド＝ジョージも同席し、スカー夫人が最初に陳述した。彼女が首相に訴えた諸点は、きわめて明確であった。

◆イースト・エンドでは、夫の失業や夫の収入が少ないために、多くの家庭で妻たちは仕事に就いて一家の稼ぎ手・大黒柱となり、同時に、子育てと家事を賄《まかな》っている。

◆家計を必死になってやり繰りしている女性の労働は、工場へ働きに行く人の労働価値に匹敵する。

◆働いている女性は、男性とまったく同率の税金を支払っている。また、女性も男性と同じ法律によって規制されている。

◆したがって、女性であるという理由によって女性に参政権がないのは道理に適わない。

サボイ夫人は、一〇歳からブラシを作る仕事に就き、一日一〇時間から一四時間働いていた。病弱であったが、夫に定職がないため、一家の稼ぎ手であった。

彼女は、首相官邸に自分が仕事で作っているブラシを持ち込み、ブラシ一つの売値とそれを作って自分が得る加工賃を提示して、大きな搾取が行われている実態を示した。搾取されているのは明らかで低賃金だが、家計を支えるために長時間働いていると、具体的に夫と自分の労働状況を説明した。

また、サボイ夫妻は貧しいながらも、見るに見兼ねて孤児を二人引きとって育てていた。

そして、夫には定職がなく稼ぎは少ないが、男性だから参政権がある。私は、少ないながらも夫以上に稼いでいる。しかし女性だから投票できないと、矛盾を指摘した。最後に、率直に胸のうちを明かした。「こんな状態で一日に一四時間も働きたくない」と。

残りの四名には、一〇歳からジャム工場で働いている女性や、タバコ工場に勤めている女性がいた。彼女たちは、イースト・エンドの女性が、貧困、夫の失業、きわめて高い家賃などに悩まされながら、必死になって働き税金を納めている生活実態を、自分の実体験から具体的に陳述した。

また、貧困の極限に追い込まれ、子どもを道づれにして入水自殺した友人の女性について、具体的に語った女性もいた。

そして、全員が、女性に参政権がないのは道理に合わないことを、政治家や知識人の言葉ではなく、イースト・エンドの働く女性の日常の言葉で首相に語った。

関係者が驚いたことに、六人の発言を聞いて、アスキス首相は彼女たちの主張に感銘を受け、ELFSの運動を称賛したのであった。称賛する理由として、ELFSのキャンペーンの「主張内容が明瞭」であって、キャンペーンは「犯罪行為を手段に用いない」からと、首相は述べている。

首相は、彼女たちのプレゼンテーションは「節度あり理を説くもの」であると、首相が説得された事実を率直に述べている。そして首相は、彼女たちのプレゼンテーションを熟考すると約束した。また、女性に参政権を与える場合、男性と同等の条件で与えられるべきだとも、みずから発言している。

六名のイースト・エンドの働く女性と首相とのこの日の面談が成功した裏には、繰り返し投獄されながらも命をかけて闘うシルビアがいた。そのシルビアの周りには、長時間肉体労働の後に夕食を口にすることもなく、警官隊の暴行や失業を恐れることもなく、シルビアを敬愛し支持して、彼女を先頭に夜間片道八キロメートルのデモ行進をする、イースト・エンドの数千人の貧困者がいた。

シルビアが社会の底辺で必死に生きている女性を立ち上がらせ、彼女たちに首相官邸で発言させ、彼女たちに首相を動かす力がある事実を、彼女たち自身に実感させた日であった。「エンパワーメント」「ボトム・アップ」の真価が、誰の目にも明らかになった日だった。

シルビアと大蔵大臣の朝食会

労働者階級の女性六名とアスキス首相の面談が、政府とELFS双方にとって成功裏に終わった数日後に、イースト・エンドでシルビアを支持している中心人物であったジョージ・ランズバリーが、自由党政権下の現職大蔵大臣ロイド＝ジョージとの朝食会を、国会議事堂内で設定した。

三者の朝食会は、英国の近代の政治できわめて稀な出来事であった。

ロイド＝ジョージは、一九〇八年四月から大蔵大臣を務めている大物だ。ランズバリーは労働党の元国会議員である。この政界の大物が、当時の英国でもっとも戦闘的で繰り返し投獄されている「前科者」と、国会議事堂内で朝食をとりながら、きわめて重要な政治課題について話し合いを行ったのだ。

三者会談を発案したのが、ロイド＝ジョージだったのかランズバリーであったのかは、定かではない。

しかし、いずれであっても、両者はシルビアの絶大な闘争手腕を見抜く大物政治家であったことを物語っている。ロイド＝ジョージは、アスキスの後、一九一六年一二月から首相になった人物だ。ランズバリーは、第一次世界大戦後、再び労働党国会議員になった。後に労働党党首となり、政界の左派勢力の旗手として活躍した人物だ。

朝食会でロイド＝ジョージは、彼の重大な決意をシルビアに伝えた。

ＷＳＰＵが破壊行為などの違法な戦闘的活動を中止したならば、ロイド＝ジョージは女性参政権を与えるよう、全力を尽くす。もし参政権授与に失敗したら、議員を辞職すると、彼の政治生命をかける決意を具体的に述べた。

ロイド＝ジョージの発言は、過日の六名の女性と首相との面談の成功を裏づけるものであった。彼は、アスキス首相と同様に、シルビアとＥＬＦＳの闘争方針を正当なものと認め、彼女たちの運動が女性参政権運動の主流となりつつある状況を認識していたのだ。

ロイド＝ジョージの発言には、もう一つの含みがあった。

この時期、ＷＳＰＵの破壊活動はさらに過激化し連続していた。六月初旬には地方で教会が完全に焼き落とされていた。首相と女性の面談の九日前の六月一一日には、ウェストミンスター寺院内に爆弾が仕掛けられ、爆破によって戴冠式に用いる椅子の一部を含めて寺院の一角が破壊された。ウェストミンスター寺院は、国王・女王の戴冠式や冠婚葬祭の場であり、王室関係者や著名人の多くが埋葬される場所である。

ロイド＝ジョージは、口には直接出さなかったが、ＷＳＰＵが破壊活動を中止するように、シルビアに説得してほしかったのである。

ロイド＝ジョージの間接的な依頼に対して、シルビアが外交辞令でも「説得を試みます」とひと言でも言ったならば、シルビアは、女性参政権を獲得した中心人物として、英国の歴史に残ることになったであろう。なぜならば、この朝食会の一カ月半後に、英国はドイツに宣戦布告し、既述のようにWSPUは、破壊活動はもとより、いっさいの参政権闘争を中止したからである。

しかし、シルビアは実直な女性だった。「クリスタベルは中止に同意しないだろう」と、正直に自分の意見を述べたのであった。

ロイド＝ジョージは、「クリスタベル自身と問題を論じる」と、シルビアにひと言返してこの話題は途絶えた。その後彼自身が、実際にクリスタベルにアプローチしたか否かは定かではない。

ランズバリーは、シルビアに代わってクリスタベルを説得しようと手紙を送った。シルビアが予想した通り、返事は「ノー」であった。そこで、シルビアもクリスタベルに手紙を送り、パリまで出かけていって、ロイド＝ジョージとの朝食会についてクリスタベルに説明すると伝えた。

しかし、クリスタベルはシルビアに返事を書かなかった。返事の代わりにノーラ・スミスに電報を打った。その内容は、「あなたの友達にパリへ来ないように伝えるように」であった。

クリスタベルのシルビアへの対応が、多くを語っている。

シルビアは、きわめて重要な段階に差しかかった女性参政権運動を真摯に考え、私情を捨てて、運動の共通目的を達成するために、自分を組織から追放したクリスタベルと対話を試みようとしたのであった。それをクリスタベルは一蹴したのである。

シルビアは、間借り生活からわかるように、金銭的にも苦労していた。食事は、バターではなくマーガリンを塗ったパンと紅茶で済ませる日々だった。死線を彷徨《さまよ》ってハンガー・ストライキを行った直後で、身体は衰弱しきり、気力のみで生きているような状態だった。タクシーを使うお金はなく、ロイド＝ジョージとの朝食会にも、イースト・エンドからバスを乗り継いで出かけた。WSPUの闘争資金でパリで暮らしているクリスタベルのような、金銭的余裕はいっさいなかった。それにもかかわらず、シルビアは事の重大さを考えてパリまで出かけると、姉に伝えたのである。

クリスタベルの態度を如実に表しているのが、彼女の電報の文言である。シルビアへの返事をシルビアにではなく、ノーラに送っている。そして、シルビアをシルビアと呼ぶことなく、他人のごとく「あなたの友達」と呼んでいる。

シルビアが闘争のゴールへ一歩一歩近づくのに反比例するかのように、断たれた彼女とクリスタベルの人間の絆は修復されることなく、両者の距離は日増しに遠のき、英国は第一次世界大戦参戦の夏を迎えた。

第一次世界大戦――反戦か主戦か

WSPUの設立から最盛期をすぎて終焉《しゅうえん》へと向かう時代には、バルカン半島では、紛争・戦争が続き、バルカン半島は当時「ヨーロッパの火薬庫」と呼ばれていた。オーストリア皇太子暗殺事件は、この火薬庫への導火線に火を点けることとなった。そして一九一四年六月二八日にサラエボで点けられた火は、ヨーロッパ各国に飛び火し、八月四日には英国が宣戦布告した。

七月二四日　ベルギー政府が戦時下における中立を宣言。
八月一日　ドイツがロシアに宣戦布告。
八月二日　ドイツ軍がルクセンブルク前線を侵犯。
八月三日　ベルギーが中立を侵害された場合、英国はベルギーを軍事支援する保障を宣言。
八月三日　ドイツがフランスに宣戦布告。
八月四日　ドイツが中立国ベルギーに宣戦布告。ベルギーへ侵攻。
八月四日　英国が、英国時間二三時にドイツに宣戦布告。
八月二三日　日英同盟を締結していた日本がドイツに宣戦布告。

八月二日に、キア・ハーディなどがトラファルガー・スクエアで反戦演説を行った時点では、世論は反戦・主戦で二分されていた。政権党である自由党内も意見が二分していた。反戦を表明していたのは、ハーディを中心とする労働党であった。

しかし、英国がドイツに宣戦布告すると、世論は一気に主戦に変わり、社会も政界も戦争一色に染まっていった。

シルビアは、断固として反戦であった。パシフィストというばかりではなく、ヨーロッパ全域に拡大し始めた戦争は、本質的に帝国主義戦争で、列国の拡大主義の衝突と分析していたからだ。

しかし、ＥＬＦＳのメンバーの中にも、主戦を支持するメンバーは多くいた。その代表者は、シルビアと同じ家に間借りし、常にシルビアを全面支援しているノーラ・スミスだった。彼女は、英国は国際条約を誠実に履行していると状況を評価した。不当に侵攻を受けたベルギーの中立を守るために、ベルギーとの条約に基づいて英国が宣戦布告し、軍隊を送ったのは正義に適うと考えた。

シルビアとノーラは、反戦・主戦で意見は対立したが、自分の主義・思想以上に彼女たちが考慮しなければならない現実が存在することを、二人とも熟知していた。イースト・エンドでは、戦争賛成・反対論争以前に、現実が先行していた。

戦争が始まるとすぐに予備兵が招集された。志願兵も多く出始めた。失業や低賃金で苦しんでいる男性労働者にとっては、入隊には魅力もあった。少なくとも靴と衣服と食事は保障された。志願兵は愛国主義者として社会で称賛された。さらには職場の若者に志願するよう無形の圧力が加わった。多くの志願兵を出してそれを誇りにする会社も現れた。エメリン・パンクハーストを中心とするＷＳＰＵメンバーは、志願しない男性を「臆病者」と公然と冷笑するキャンペーンも始めていた。

志願兵は、戦争が始まって数週間すると増加した。参戦翌月の九月一二日までに、四七万八八九三人が志願し、翌年の一二月までに志願兵の数は、二四六万六七一九人に増加している（大英図書館資料＝The British Library, Voluntary recruiting in Britain, 1914-1915）。

もともと仕事がなくて困っているイースト・エンドで、戦争による工場閉鎖が相次ぎ、失業者が溢れた。彼らの多くが入隊を考えた。さらに、戦争はクリスマスまでに終わるとの楽観論が広まり、気楽に戦地へ向かう者が多かった。戦争の実態を知らず、「ちょっとドイツ人を懲らしめてやる」程度の軽い感覚で戦場へ向かった若者も多かったと伝わる。

このような結果、イースト・エンドの女性の多くが、夫・兄弟・父親・親戚の男の誰かを、戦地に送り出しているのが現実だった。そのような状況下で、「戦争反対」と街頭で声を上げるだけでは賛同が得られないのは目に見えていた。

シルビアは、機関紙と行動で戦争反対を貫く姿勢は堅持した。しかし、街頭や集会で戦争反対のみを声高々に訴える反戦活動は、少なくとも参戦直後は見送ることにした。

彼女の反戦行動の出発点は、戦争遂行への不協力であった。WSPUが遂行しているような戦争支援キャンペーンは決して行わなかった。

戦中も続けた女性参政権運動

ELFSは、英国の参戦に関してWSPUと正反対の姿勢を貫いたが、女性参政権運動を戦争中も継続した点においても、WSPUやそのほかの参政権運動組織と異なっていた。

参戦当初から一九一八年秋の終戦まで、ELFSは、「VOTES FOR WOMEN」の旗を降ろすことはなく、「二一歳以上の男女に、財産条項などの条件をつけない参政権」を求める声を絶やすことはなかった。

その上で、シルビアたちは、「女性に参政権を！」と、スローガンを連呼するだけではなかった。女性に参政権が必要な理由を、戦時下で女性がおかれている立場との関連で人々に具体的に訴えた。

戦争の最初の被害者は女性であり子どもであった。特に貧困家庭の女性や子どもは、参戦数週間で生存の危機にさらされた。

夫が戦場へ行き、収入が途絶えた家庭が多くあった。その上に物価は日増しに上昇し、家賃を払うのも食料を手に入れるのも、極度に困難になったのだ。政府の手当ても初期には給付制度の不備や役所の不手際で、受けとれない人々が多くいた。わずかな手当てが出始めても家賃を払えば食料が買えず、自分や子どもの食料を買えば家賃不払いで住処《すみか》を追い出される人々が続出した。

ＥＬＦＳは、以下の事項を政府に要求するキャンペーンを展開した。

◆食料入手が貧困層にも富裕層にも平等になるよう、政府が食料流通を厳格に管理せよ。
◆食料の流通制度と価格に関して、政府は労働者階級の女性と協議せよ。
◆男性にも女性にも労働組合が設定する賃金で仕事を与えよ。
◆女性・男性にかかわらず、同一労働には同一賃金を支払え。
◆食料価格・雇用・戦禍解消を協議する公の委員会に、労働者階級の女性を加えよ。
◆労働者階級の男女を犠牲にして、搾取による利潤で戦争を遂行するな。

ＥＬＦＳは、労働者階級の女性や子どもがイースト・エンドなどで苦境に立たされている理由の一つは、女性に参政権がないからだと、戦時下の苦境と参政権の不在を関連づけて社会に訴えた。

女性には参政権を与えないという根本的に非民主的な男性だけによる政治が、ドイツとの戦争をもたらした。その上に、男性のみの意思決定で遂行されている戦争の被害者である女性が、戦禍を改善・解消するために政治に参加できないのは二重の意味で非民主的だ、というのが彼女たちの論理であり主張であった。

このように、ＥＬＦＳは、戦時下の日常生活救済運動、女性参政権運動、反戦運動の三者を連結して闘いだした。

「ウィミンズ・ホール」を苦境救援センターに

ＥＬＦＳの本部活動や地域の人々の集会の場として設立したウィミンズ・ホールは、戦争が始まると、様々な問題を抱える女性が、助けを求めて駆け込んでくるセンターとなった。

参戦から数週間でお金がまったくなくなってしまった多くの女性が、助けを求めてきた。しかし、ＥＬＦＳは、慈善団体でもなければ、資金を蓄えている組織でもなかった。シルビア自身が間借り生活を送っている状態だった。

ＥＬＦＳは、慈善団体や教会に助けを求めたり、公共制度で何らかの手当て・援助が受けられる場合は、その申請を手助けしたり代行したりした。また、支給されるべき手当てが届かない場合は、代理人となって関係官庁への問い合わせを行った。出生証明書などの申請に必要な書類を紛失してしまって支給を拒否された場合は、役所と交渉し手当てを獲得することも手伝った。

戦場へ送られた兵士の問題も寄せられた。ある母親の息子は、ドイツ軍の砲撃を塹壕《ざんごう》内で長期にわたって受けた結果、精神異常をきたし、砲撃の後に呆然となって戦野を彷徨《さまよ》いだした。それが逃亡だと憲兵に判断されて、敵前逃亡の罪で銃殺刑に処せられた。その経緯を調査して、逃亡ではなく精神異常をきたしていた事実を立証し、兵士と母親の名誉を回復しようと試みた。

イースト・エンドは、ヨーロッパ各地からの移民が多い地域である。「敵国」出身のドイツ人の店が打ち壊され、ドイツ人に暴行を加える暴動も起きた。シルビアは、機関紙や地域でドイツ人住民を擁護し、地域の英国人によるドイツ人攻撃と闘った。

ドイツ人擁護にあたって、一八八九年のロンドン港湾大ストライキを住民にふり返らせた。イースト・エンドの港湾労働者がストライキで収入を断たれたときに、大金を送って支援してくれたのはオーストラリアやドイツの港湾労働者であった。そのとき助けられたロンドンの港湾労働者やその息子と、助けたドイツの労働者の息子とが、女性を意思決定に含まない政治によって、殺し合いをさせられているのが、この戦争であるとも訴えた。資本家が労働者と労働者を戦わせているとも訴えた。

ウィミンズ・ホールが対処したきわめて大きな問題の一つが食糧難であった。参戦当初から終戦まで継続した問題だったが、シルビアは改善を求めて大蔵大臣とも交渉した。

シルビアは、戦争を支持し推進しているのは、資本家であると考えた。食糧難や物資の欠乏も、戦争で儲けようとする資本家によって悪化していると分析した。戦争で儲ける者がいなくなり、すべての人々がイースト・エンドの人々と同じような生活を強いられたならば、戦争に賛成する人々はずっと少なくなると考えた。そのために、戦争関連で儲けている企業を国有化すべきと訴えたのである。

ホール関係者は、戦争が悪化し社会が日増しに暗くなっていく中で、子どもたちにはわずかでも夢と希望を持たせようと試みた。そのような企画の一つが、クリスマスであった。地域の母親たちの団結を強める意味もあった。大きな建物を借り切って、九〇〇人以上の子どもを招待してパーティーを開いた。当日は、ランズバリーや劇作家のバーナード・ショーも加わっている。

このように、ウィミンズ・ホールは、戦争が生み出しているありとあらゆる問題を手がけて、イースト・エンドで苦境に立たされている人々の救援センターとなった。

無料ミルク配給センター——乳幼児を餓死させるな！

参戦数週間後に、シルビアが緊急の課題として取り組んだのは、乳幼児を餓死させないための運動であった。無料ミルク配給センターの設立である。

イースト・エンドは、ビクトリア時代から、疫病の発生に加えて居住環境や栄養失調などが原因で、乳幼児の死亡率がほかの地域と比較して高い場所だった。平時でも多くの子どもが授乳を必要とする年齢で亡くなっている地域であったから、収入の途絶えた戦時下の母親の中には、我が子を餓死させる者が必然的に出始めた。

シルビアは、まず、イースト・エンドの余裕のある人々に援助を求めた。また、「タイムズ」に記事を書いて、ミルクの現物支給やミルク購入のための募金を全国的に訴えた。彼女の訴えは広く反響を呼んだ。全国各地の個人に加えて、大手の食品会社も寄付するようになった。

最初のミルク配給センターは、ウィミンズ・ホールに設けた。そこで我が子の命を救われた女性の数に関してはいろいろな数字があるが、「毎日二〇〇人以上の母親が訪れた」というのが一般的だ。別の資料（Sylvia Pankhurst: Sexual Politics and Political Activism, p.95.）では、「一〇〇〇人の母親」が、この配給センターで子どもの命をつないでいた様子を記述している。

配給センターが稼働しだすと、新たに対処しなければならない問題の存在に気がついた。まず、配給センターを訪れる乳幼児が必要としているのは、ミルクだけではなかった。衰弱しきっていて、ミルクを与えても消化し摂取する体力がなかった。ミルクと医療の両方が必要だったのだ。この問題を解決するため、毎日午後には看護婦をつけ、一週間に一日は医師を配置した。無料のミルクと医療に加えて、離乳食と幼児の食料提供や育児指導全般もホールで行った。

第二の問題は、本部が入っているウィミンズ・ホール一カ所での配給では、イースト・エンド全体の需要に対応できなくなった。そこで、イースト・エンド内にミルク配給・医療センターをさらに五カ所追加設置した。

合計六カ所のセンターへ来た乳幼児の総数や、その後の子どもの生死についての統計は存在しない。しかし、これらのセンターがなかったならば、イースト・エンドでは第一次世界大戦中に、四桁に上る人数の乳幼児が、戦争の犠牲になって餓死・病死したと推計するのは、過大ではなかろう。

原価レストラン・チェーン店――女性・母親にも食事を

餓死の危険に直面していたのは、乳幼児のみではなかった。収入もなく物価の高騰で、基本的な食料の購入ができなくなった女性も数多くいた。

自分の食料を買うお金があって、子どものミルクを買わない母親がいるだろうか。多少でもお金があればまず我が子のミルクを買ったであろう。ミルクが買えずシルビアの配給・医療センターを訪れて子どもの命をつないでいる母親の多くも、子どもと同様に食べる物がなかったのである。

シルビアは、空腹の母親たちを救済する企画にもすぐに取り組んだ。食堂を作るのであった。ウィミンズ・ホールの中に食堂を作る計画を地元の人々に示すと、各自各様に企画をサポートする人々が集まってきた。ランズバリーが新聞発行事業を始める前に経営していた製材所は、息子が引き継いでいたが、息子が木材を無料で提供した。それを使って大工やボランティアがテーブルや長椅子を作った。台所用品は多くの女性が家で余っているのを提供した。ガス工事や水道工事も地元の男たちが各自各様に奉仕してこなした。食材は店が寄付したり、集まった募金で購入した。

シルビアの徹底した方針で、栄養士も配置した食堂は、「原価レストラン」と呼ばれた。レストランは、八月三一日に開店している。ドイツへ宣戦布告して一カ月と経っていない。シルビアの迅速な行動力とイースト・エンドの人々の強い地域団結を窺《うかが》わせる。

「原価レストラン」には、シルビアの思想が反映されていた。
◆呼称の「原価レストラン」には、社会に向かって「生活必需品は原価で提供せよ!」という、シルビアの訴えがこもっていた。生きるか死ぬかの生活を強いられている人々から利潤を得るな、儲けるなと叫んだのである。

14 ANNUAL REPORT.
OUR POPLAR RESTAURANT, 20 RAILWAY STREET.
IN THE NORMAN ROAD NURSERY.

［上］原価レストラン。
［下］無料ミルク配給センター（年報より）

◆レストランの運営は栄養士とボランティアが行った。食材は業者からのもらい物やジャガイモや家畜のホルモンが中心だった。「原価」が定かではなかったが、二コースの食事に一ペニー（子どもは半額）の定価をつけた。一般のレストランとは比較にならない低料金だった（一ペニーは、工場労働者の時給の五分の一から四分の一に相当）。しかし、無料にはしなかった。

無料にしないのは、ＥＬＦＳが慈善団体ではない事実を、地域に常に理解させたかったからである。実質的には、多くのボランティアや募金で行われている慈善事業であったが、「慈善を施す者」「救済される者」との構図が地域に定着するのは、労働者階級を真に立ち上がらせることにはつながらないと、シルビアは考えていたからだ。

◆シルビアは、レストランで食事をする人々の自尊心を傷つけたくなかった。社会に面倒をみてもらって彼女たちは生きていると、食事をする女性にも社会の人々にも思わせたくなかった。堂々と料金を払って食事をしているのである。シルビアも同じレストランをよく利用した。

◆このような思想がシルビアにはあったが、現実にはかなりの女性に無料で食事を与えた。一ペニーさえ支払えない女性が多くいたためである。

その上でなお、無料で食べている人々に、レストランで肩身の狭い思いをさせたくなかった。そのため、利用者は、レストランへ行く前にあらかじめ食事券を購入する制度にした。その食事券を、最貧者には陰で無料で与えたのである。

ウィミンズ・ホールの「原価レストラン」では、毎日およそ四〇〇人が食事をとった。これが第一号で、イースト・エンドに第二号店、第三号店とレストランは増えていった。

シルビアの「原価レストラン」をモデルにして、同様のレストランがイースト・エンドを超えて英国各地に誕生し、第一次世界大戦中に多くの女性の命を救うことになった。

おもちゃ工場――女性に雇用を

参戦によって工場閉鎖が相次ぎ、多くの女性が職を失った。また、参戦以前から雀の涙のような時間給で町工場で搾取されていた女性の生活は、物価の急激な高騰で日増しに厳しくなっていった。

シルビアは、女性の雇用を生み出す試みとして、おもちゃ工場を建てる決意をし、小さいながら「イースト・ロンドン・トイ・ファクトリー」（東ロンドンおもちゃ工場）を、一九一四年一〇月にＥＬＦＳ本部の近くに開いた。

設立には、ノーラ・スミスが財政援助を行い、ランズバリーの息子が敷地や資材を提供し、参戦後二カ月少々で生産を始めることができた。

おもちゃ工場は、「原価レストラン」や「ミルク配給・医療センター」と同様に、シルビアの思想を反映して多彩な光を放っている。

◆作業場を作るのには援助を受けたが、その後の事業拡大や運営は、協同組合方式（cooperative）を導入して行った。

◆おもちゃの生産は、産業革命後定着した大量・機械生産ではなく、「アーツ・アンド・クラフツ」（Arts and Crafts）運動の思想に立脚し、手仕事による生産で、従業員の生産活動・職場生活と芸術活動の統一を試みた。

「アーツ・アンド・クラフツ」運動の中心人物の一人は、パンクハースト家と長い間交流のあった社会主義者のウィリアム・モリスである。シルビアが少女期から画家として成長していく過程で影響を受けた芸術家の一人だった。

◆製品は、当初は木板を切り抜いた動物などの簡単なものであったが、次第に多様な縫いぐるみや、ポーセリン製の顔をつけた人形なども生産した。

人形や縫いぐるみのデザインには、ロンドンで個展を開く力量のある一流画家や彫刻家四人が参加している。児童書やイラストレーションの世界で、当時もっとも影響力を持っていた芸術家であったウォルター・クレイン（Walter Crane）も、晩年に製品のデザインを行っている。

有名デパートでも売れる一流品を作った。販売店には、オックスフォード・ストリートの高級デパートで知られていた「セルフリッジズ」が含まれた。シルビアみずからがタクシーに製品を積んで「セルフリッジズ」へ出かけ、社長の長男でオックスフォード・ストリート支店の責任者だったゴードン・セルフリッジを説得したのだった。

◆従業員は五九人の女性で、「生活賃金」として、一週四八時間労働に対して一ポンド支払った。ELFSは、運動の一環として、雇用者に「生活賃金」を支払うよう要求していた（資料「Prices and Wages in the United Kingdom, 1914-1920, p.183.」によれば、一九一四年一〇月の毛織物工場従業員の平均給与は、一週五五・五時間労働で〇・八八ポンドであった）。

◆希望する従業員には、土曜日の午後に仕事の一環として、デッサンなどを学ぶ機会を与えた。講師は、「ロイヤル・カレッジ・オブ・アート」の旧友エイミー・ブラウニング（Amy Browning）である。後年彼女は、「ロイヤル・アカデミー・オブ・アーツ」の年次夏季エキシビションで、作品を六二回連続展示する記録を作ることになった美術家

18 ANNUAL REPORT.

Poplar and Bromley. The Bow restaurant was started on August 31st.

Work for the Unemployed.

The best solution for distress arising through unemployment is, of course, the provision of properly paid work, and though this is a costly enterprise, the E.L.F.S. has been able to do something also in this direction. In the DREADNOUGHT dated August 15th, we were able to announce that we had already opened an employment bureau and were ourselves employing a limited number of women at a wage of 5d. an hour. This work has steadily increased and the E.L.F.S. now employs, quite apart from the political organisers and secretaries, 59 regular indoor workers on relief work of one kind or another, all but five of whom are on full time, and also a varying number of outworkers. None of the adult workers receive less than 5d. an hour or £1 a week, some get more.

Our Factory.

We have opened a factory at 45 Norman Road, Bow, where we are making dolls, toys and garments. Boots and shoes are made for the Federation under Mr. Payne, at 400 Old Ford Road.

Our manufactures will be put on a co-operative basis as soon as they are able to cover the cost of production and pay a fair wage for labour. Until that time we must subsidise them and hope for generous subscriptions from our friends to enable us to do so adequately.

Our Nursery.

We have opened a day nursery at 45 Norman Road, Bow, in connection with our factory, where women may leave their children at a cost of 3d. a day, including food. There are at present a dozen children in the nursery, and we are daily obliged to turn applicants away for lack of room, as subscriptions do not yet warrant an extension of our premises.

[Since the above paragraph was adopted by the Conference, "The Mothers' Arms" has been opened at the corner of Old Ford Road and St. Stephen's Road, Bow. The Mother's Arms, which was at one time a public-

THE DOLL ROOM OF THE FACTORY.

おもちゃ工場での人形づくりなどについての記事（年報より）

である。

シルビアは、女性たちが労働を通して創造性を豊かにし、さらに豊かになった創造性を仕事に還元することによって、彼女たちの労働による人間疎外を避けようとしたのである。シルビアの思想とその実践の結果、従業員の独自デザインの多くが商品化されている。

◆おもちゃで遊ぶ子どもたちの人種的偏見を避けるために、人形の顔色には、白色・黒色・褐色・黄色のどれをも用いた。デパートでは、日本の庭で遊ぶ子どもの様子をテーマにした人形を展示したこともあった。

◆工場のそばに女性従業員の託児所を併設した。運営をサポートしたのが、貴族のレディ・シビル・スミス（Lady Sybil Smith）だった。彼女は、自宅の高級な玩具を寄付して、みずから託児所で一週間に四日働いた。また、上流階級から寄付を集めて、シルビアのプロジェクトを支援した。

オックスフォード・ストリートのデパートのセルフリッジズ（筆者撮影）

シルビアは若き日に、英国各地で働く女性を描く一人旅に出ている。スコットランドまで出かけて、働く女性のおかれている厳しい状況を凝視する中で、「もはや絵など描いていられない」と、女性参政権運動に身を投じた女性である。

彼女の関心事は、身のまわりの労働者だけではなかった。王室が主導し王妃の名を冠した戦傷兵社会復帰施設で働いている女性の労働条件を批判し、王妃（Queen Mary）へ抗議の手紙も送っている。

英国初のモンテッソーリ教育

一九一五年四月には、シルビアは、母子の医療福祉と託児・幼児教育を兼ねた施設を、ELFS本部近くの廃業していたパブを改修して開いた。前年秋の託児所の成功に続く企画だった。

マザーズ・アームズがあった場所を示す案内板
（筆者撮影）

改修したパブは、ビクトリア・パークの南にあった鉄砲製造工場近くの「ガンメーカーズ・アームズ」だった。改修後は「マザーズ・アームズ」（母親たちの腕）と名称を変更した。

「マザーズ・アームズ」の一階には、受付カウンターと無料ミルク・鶏卵・病弱者用の食品・新生児用品一式（産着・おむつ・布団など）・妊婦衣料品などを展示する棚や保管庫を設けた。これらには、英国各地を超えて海外からシルビアの活動を支援して送られてくる物品が含まれていた。

一階には温水シャワー室も完備し、子どもたちは「マザーズ・アームズ」へ来るとまずシャワーを浴びた。多くの家庭に温水や風呂はなかった。イースト・エンドでは、大多数の家庭が地域共用井戸水に頼り、屋外トイレを共用していた時代だ。シャワーの後に子どもには活動着を着せて、各自の大切な衣服を長持ちさせた。

加えて一階には、医師や看護婦が待機する診察室を設けた。「マザーズ・アームズ」に通う子どもの健康管理・診察・治療のためばかりではなく、地域の母親が予約なく子どもを連れて来られる制度にして、施設を広く社会に解放した。

二階は託児所で、床は青色、壁は白色で統一した。幼児向けサイズのテーブルや椅子を設置し、昼寝用の小児用ベッドも設置した。

三階では、二歳半から五歳までの子どもを教育するモンテッソーリ・スクールを開いた。

モンテッソーリ・スクールとは、イタリアの女性医師・教育者・フェミニストであったマリア・モンテッソーリ（医学博士）が、子ども教育のメソッド（方法）として新しく開発した「モンテッソーリ・メソッド」で幼児・児童教育を行う施設を指す。

彼女は、そのメソッドで子どもを保育する最初の「子どもの家」を一九〇七年にイタリアで開いている。彼女は、ローマ大学医学部に入学した最初の女性としても歴史に残るが、彼女の教育法の普及は、英国でサフラジェットの活動が活発化しだした時期と一致する。

モンテッソーリ・メソッドは、子どもは生まれながらにして好奇心を持ち、みずから学ぶ力を持っているとの確信から始まる。その子どもの資質を尊重し、自由な環境の中で「服従」ではなく「自立」を身につけさせるのが教育であると考える。教師の役割は、知識などを与えて教えることではなく、子どもが自由な活動を通してみずから学んでいく環境を整えることにある。

規律は、子どもを束縛して教えるものではなく、子どもが自由な活動の中で発見しそれを体得すべきものである。子どもは個人個人の生命で個別に育つのだから、その進度を尊重して集団一斉指導は行わない。

どの子どもも感受性を持ち、言語・数・図形・音など特定なものに強い興味を示して吸収してしまう敏感期がある。その敏感期を逃さない学習環境を独自の教具を考案して与えるべきである。

以上が、モンテッソーリ・メソッドの考え方である。

シルビアのモンテッソーリ・スクールの教師となったのは、ミュリエル・マターズ（Muriel Matters）であった。彼女は、オーストラリア生まれの女性参政権論者で、教育者・ジャーナリスト・女優などの多彩な経歴を持っていた。スペインでモンテッソーリ教師の資格を取得して、英国へ来たところでシルビアにスカウトされたのであった。

シルビアのモンテッソーリ・スクール開設が物語っている顕著な事項はいくつもある。

◆シルビアは地域を見つめると同時に、常に世界を見つめていた。イタリア留学や海外での講演旅行や、それに先立つ父母の広範な人間交流の中から育った眼であったのだろう。

シルビアのモンテッソーリ・スクールが、英国の第一号であった。モンテッソーリ教育の真価を激しい闘争に明け暮れする中で発見していたのである。シルビアの国際主義と先見の明は、この後にさらに顕著になっていく。

◆ロンドンの貧困地区で生きるか死ぬかの生活をしている子どもに、当時の世界最新の幼児教育を与えようとしたのは、シルビアの人間の平等と理想を追求する姿勢を示している。

英国では、モンテッソーリ・スクールは当時はこの一カ所で、今日においても歴史と知名度の割には、設置数が限られている。この教育を受けた著名人には、ダイアナ元妃とチャールズ皇太子の間の二人の王子が含まれる。イースト・エンドの貧しい子どもたちがこの教育を受けて一〇〇年後に、ウィリアム王子の長男ジョージ王子がモンテッソーリ教育を受けだした。

◆モンテッソーリ・スクールを含む「マザーズ・アームズ」の運営は、寄付のみでは不可能であった。中央官庁から厚生・教育関連予算を獲得し、イースト・エンドの西方に隣接する地方自治体の「ザ・シティ」の援助も受けた。

政府が繰り返して投獄していた女性の、斬新で実験的な側面さえあるプロジェクトに、国家予算をつけたのである。「ザ・シティ」は、世界に誇るビジネス街であり、資本主義の牙城である。資本主義で繁栄している世界最古の地方自治体「ザ・シティ」が、社会主義者・労働組合支持者・「前科者」であるシルビアの活動を評価・支持して財政援助をしたのであった。

キア・ハーディの死

一九一五年九月二六日に、キア・ハーディが、スコットランドのグラスゴー市で病死した。英国がドイツに宣戦布告してから一年二カ月と経っていない時期であった。

ハーディは労働党の生みの親であり、社会主義者・反戦主義者として第一次大戦勃発以前から帝国主義戦争勃発の危険性を訴えて、国会議員の中で反戦運動の旗手として闘っていた。英国の参戦がハーディを死に追いやったと伝わる。

彼は、英国が参戦した後も地域や議会で反戦活動を継続した。一九一五年一月に軽い脳卒中を患ったが、静養することなく各地で反戦演説を続けていた。しかし、労働党初代党首の反戦方針に反して、労働党は五月二五日に保守党とともにアスキス戦時連立内閣に加わった。

ハーディは、外交による停戦を訴えていた。労働党の戦争加担を阻止できなかった失意に加え、与野党の政治家や新聞各紙が彼を、「臆病者」(coward)、「裏切者」(traitor)と罵った。

国会議員としてまた人道主義者として、英国の参戦を阻止できなかった責任感と罪の意識に苛《さいな》まれ、宣戦布告以降日増しに悪化する大戦によって、心身ともに致命的な打撃を受けていった。

キア・ハーディ(Wikipediaより)

英国の一カ月ごとの死傷者は、参戦した一九一四年八月におよそ一万四四〇〇人、九月に一万五〇〇〇人、一〇月に三万人と増加していった。クリスマスまでに終わるどころか、翌年に入ると、三月に二万四四〇〇人、四月に三万一二〇〇人、五月に六万五七〇〇人(Statistics of the military effort of the British Empire during the Great War, 1914-1920, pp.253-94. 累計概算値)と、一向に衰退を見せることなく、死傷者総数は日増しに膨らんでいった。

志願兵の総数は、一五年一月には一〇〇万人を超えていたが、政府は志願兵のみでは追いつかないと計算し、一五年夏には、一五歳から六五歳までの男性を登録する制度を導入した。身元を詳細に記録して徴兵制導入の準備にとりかかったのだ。そして一六年一月には徴兵に関する法案を提出し、同年三月に議会を通している。

徴兵制導入によって、男性で一八歳から四一歳の独身者には一部を除いて兵役が課せられた。除外されたのは、医療関係者・聖職者・教師・特定産業従事者と良心的兵役拒否者であった。導入時には独身男性が対象だったが、戦況の悪化で既婚者男性も次第に対象になっていった。

政府が徴兵制導入の準備を始めた一五年の夏には、ELFSは、導入反対の大きなデモ行進を行い、機関紙「ウーマンズ・ドレッドノート」でも戦争と徴兵制反対の論陣を強化した（The Woman's Dreadnought, 10 July 1915）。

しかしパンクハースト夫人たちの志願兵募集・戦争支援運動や、政府の「あなたの国はあなたを必要としている」（Your Country Needs You）キャンペーンなどに彩られ、国内にジンゴイズム（jingoism ＝好戦的愛国主義）が広く蔓延《はびこ》っていった。

このような抗しがたい大きな歴史の流れの中で、ハーディは極度の過労と心労から回復することなく失意のうちに世を去った。享年五九歳。

ハーディは、シルビアにとって、個人的にも闘争の上でも特別な人であった。

シルビアは、パンクハースト家と親交の深かったハーディに、少女時代から魅了されていた。彼は二六歳年上であった。彼女は、成人男性、政治家、社会主義者、一人の人間としてのハーディの中に、光り輝くものを見出していた。

彼女のハーディへの思いは、父の死によってさらに深まっていった。シルビアは、「父親っ子」だった。クリスタベルは典型的な「母親っ子」であった。また、クリスタベルが父親より母親の方が好きだった以上に、母親はクリスタベルを溺愛し、シルビアには常に批判的であった。

その父親が、シルビアが一六歳の夏に自宅で急死した。母と姉はフランスやスイスで休暇をすごしながら、クリスタベルが一年間スイスに滞在してフランス語を上達するための準備をしていた。妹と弟二人の面倒を見ながら留守番をしているある日、食事中にシルビアの眼前で父は急死したのであった。

若くして父を亡くしたショックから、長い間抜け出せなかったシルビアだったが、父の言葉である「情熱がない人生には価値がない」「子どもが大きくなってから世のために尽くさなかったら無念だ」を、一生忘れることなく、力強く生き闘いだしたのがシルビアであった。

父親の死によってシルビアの心に生じた空間を、自然と満たしていったのがハーディであった。思想、信念、行動力、社会と人間への愛など、どのような側面からも父親に一番近くてシルビアのそばにいたのがハーディであった。

ハーディは、シルビアの参政権闘争の初期から、自分の死に至るまで、彼女の思想と行動を深く理解し、常に可能な限りの支援を行った。シルビアが社会主義や労働争議について真剣に論じ合えるのも、ハーディに限られていた。命をかけた獄中闘争で心に抱いていたのも、アメリカへの講演旅行の船中で手紙を書いた相手もハーディであった。

妻子をスコットランドに残して、ロンドンを中心に活動していたハーディと、独身のシルビアは、世間体を気にすることなく、一時期同じ屋根の下で暮らしていた。「同居」と受け止められる生活であった。この事実から、二人の間にいわゆる男女関係があったと憶測する者が今日いる。しかし、研究者・著者でシルビアやハーディを詳しく知る者（例えば、「Keir Hardie」の著者 Bob Holman など）は、関係を全面的に否定する。男女関係はなかったと、存在しなかったことを証明することは論理的にきわめて困難であるが、関係があったと存在を証明した者もいない。

二人は男と女として向かい合っていることは決してなかったであろう。女性解放、社会正義の実現、貧困者救済、労働者解放、社会主義社会の建設で、二人は同じ方向の遠い目標を見つめながら、同時代を必死に生きていたソウル・メイトであったと思われる。

シルビアは、父親に続いて二人の弟も若くして亡くしている。加えて、母親と姉から縁を切られ、同様に縁を切られたアデラはオーストラリアに移住し、会うことがなかった。

母親・姉妹との家族の絆が完全に断たれて一年半後に、シルビアはかけがえのないソウル・メイトを喪失したのであった。彼女のショックは計り知れない。

しかし、シルビアは、逆境に立たされれば立たされるほど情熱を燃やす女性であった。ハーディの死後、シルビアの闘争には、社会主義色がより鮮明になっていった。

労働者参政権同盟

ＥＬＦＳは、英国が戦争一色になり、反戦の声が社会で消えかかっても、女性参政権要求と反戦姿勢を堅持し続けた。政府への抗議や要求のデモ行進も行ったが、活動の中心は地域であり機関紙であった。活動の具体例には次のようなものが含まれている。

◆「戦時国土防衛法」(Defence of the Realm Act)の成立によって、国家が行うことが可能になった検閲や、軍需生産の必要に伴う一方的な国家による土地収用への批判。

◆徴兵制導入の反対運動。

◆良心的兵役拒否制度の支持と良心的兵役拒否者(conscientious objector)の擁護。

◆戦場の兵士から届く戦況の実態や事件を記事にして機関紙で公表。

◆戦線にいるイースト・エンド出身の兵士に機関紙で地元ニュースを提供(多くの家族が「ウーマンズ・ドレッドノート」を戦線の夫や息子に送っている)。

◆爆弾などの兵器生産工場で化学薬品等の使用がもたらす危険な労働環境の改善要求。

◆軍需生産工場における、同一労働同一賃金の支払い要求。

◆物価上昇に比例する賃金支払い要求。

◆物価高騰と不当な利潤追求、搾取事例を機関紙で糾弾。

一九一六年三月一八日、シルビアたちは、広範な社会・政治問題と取り組むようになった組織の名称を、活動実態に一致するよう変更する決定を行った。

旧名称　ＥＬＦＳ（イースト・ロンドン・フェデレーション・オブ・ザ・サフラジェッツ）
新名称　ＷＳＦ　Workers' Suffrage Federation
（ワーカーズ・サフリッジ・フェデレーション＝労働者参政権同盟）

名称変更は、彼女たちの組織が、女性参政権獲得に加えて、男性であっても参政権のない人々の参政権獲得も求めて闘う方針を、再確認するものであった。また、闘争の構図を「女性対男性」から、「労働者階級対資本家階級」に拡大し、社会主義の視点から、巨視的・根本的な闘争構図を活動に導入するものであった。

組織名称の変更には、もう一つ大きな意味があった。

シルビアたちの活動は、もはや参政権運動グループの活動を超えて政党の活動に近づきつつあった。彼女たちは、女性参政権を獲得した後に必要となる政治闘争を予見し、次第に参政権グループから政治活動グループへの変革を念頭においていたのであろう。

一九一七年六月には、機関紙名も変更した。

新機関紙名は、「ザ・ワーカーズ・ドレッドノート」（The Workers' Dreadnought）になった。「労働者のドレッドノート」だ。そのモットーは、「国際社会主義のために」（For International Socialism）であった。このモットーを、機関紙第一面の機関紙名の直下に掲載している。

戦時下で社会では参政権への関心が低下したこともあり、発行部数は減少し、一万部であった。

女性を含む国民代表法の成立

第一次世界大戦が三年目に入り戦争の長期化が懸念される中で、総選挙が必要となった場合、当時の選挙法では多様な問題が発生する事実が、政府や国会議員の中で重要な課題になった。問題の一例は、帰還兵や負傷して帰国したばかりの兵士は、投票できなくなる可能性があった。なぜならば、投票資格の一つに、投票者は、選挙区内の居住地で選挙日以前に一年以上滞在した実績が必要と規定されていたからである。

このため政府は、上院・下院合同で超党派の「選挙法改正議長会議」(The Speaker's Conference on Electoral Reform)を設置した。そして三二人の上院・下院議員が、一九一六年一〇月から一七年一月の間に二六回の会議を開いて報告書をまとめた。

この報告書に基づいて、一九一七年五月に政府は、「国民代表法」法案を議会に提出し、同法案は議会を通過して、大戦中の一九一八年二月六日に、「一九一八年国民代表法」(The Representation of the People Act 1918)として成立した。

「一九一八年国民代表法」によって、年齢以外の制約条件をつけることなく、二一歳以上の男性と一九歳から軍務に服している男性に、参政権が与えられた。

同時に、英国の議会政治史上初めて、女性にも参政権が与えられた。

しかし、男性と同等の参政権ではなかった。女性には、年齢とそのほかの制約が付された。参政権を得たのは三〇歳以上の女性で、次のいずれかに該当する者であった。

◆家屋所有者
◆家屋所有者の妻
◆年間五ポンド以上支払って居住物件を借りている者
◆英国の大学卒業者

「一九一八年国民代表法」の成立と合わせて別法で、二一歳以上の女性に被選挙権も与えられた。二つの法律によって女性に選挙権と被選挙権が与えられるようになった前年の一九一七年一一月に、WSPUは解散した。そして、パンクハースト夫人とクリスタベルが中心になり、「女性党」(The Women's Party)を創立した。政策には、女性の権利拡大が含まれていたが、主要政策は、ドイツとの戦争の継続と勝利であった。

一九一八年二月に、一二六五年の「イングランド初の議会」から、六世紀半にわたって女性には国政参政権がなかった歴史が変わったのであった。

英国で最初の女性参政権請願書が、一八三二年に国会へ提出された八五年半後だった。

マンチェスターで、WSPUが一九〇三年に結成された一四年四カ月後であった。

女性参政権運動における画期的な達成であったが、「選挙法改正議長会議」と「一九一八年国民代表法」法案審議記録には、女性参政権に抵抗する勢力が根強く残っていた事実も記録されている。大多数が諸手を挙げて賛成したのではなかった。

また、誰の目にも明らかなように、男女同等の参政権ではなかった。この事実は、審議した国会議員自身が十分認識していた。しかし、男女同権にしない理由として、多くの男性が戦争で亡くなったり、激戦地にいる状況下で、投票資格を男女同一にした場合、女性が有権者の過半数を優に超える事実を挙げている。女性差別ではなく男女有権者のバランスを可能な限り半々に近づける政治的配慮であるというのが、審議にかかわった議員の説明であった。

完全ではなかったが、女性参政権獲得のために闘った女性の圧倒的多数が、男女同権への第一歩として評価し、「一九一八年国民代表法」を受け入れた。

しかし、シルビアも、彼女の率いるＷＳＦも、新法を不完全なものと評価し、男女が完全に同権になる国民代表法の成立をめざして、闘いを継続する意思を機関紙で表明した。

軍需大臣の運転手はサフラジェット

「一九一八年国民代表法」によって、女性が参政権を獲得したのは、第一次世界大戦への女性の貢献が評価された結果だというのが、英国社会における一般論である。英国の学校でもこのように教えているところが多い。

戦争支援の一環として、兵器生産やそのほかの軍需生産、食料生産に加わり、従来男性が中心であった鉄道やバス事業・造船・機械生産・建設などの分野でも現場で働き、女性が男性と同等に仕事をこなす能力があることを立証したため、もはや女性を差別できなくなったからだと言われる。同時に、女性の戦争支援がなかったならば、英国は戦争を継続できなかったとも言われる。これらの観点から、参政権を女性に付与したのは、国家から女性への「御礼」と考える人々もいた。

この女性の国家貢献説の当否はともかく、女性が戦争を多彩な形で支援したのは事実であった。サフラジェットも様々な分野で活躍した。元来優秀な女性が多かったので、警官になった女性の中には人一倍早く昇進する者がいた。戦地となったヨーロッパ大陸へ渡り、フランスなどの野戦病院で働いた女医や看護婦もいた。自動車整備や物資輸送、救急隊のスタッフとしても活躍し、航空機整備に従事した女性もいた。女性抜きの国内外の後方支援は、考えられない状況であった。

女性の国家貢献説を裏打ちするかのように、国会議事堂敷地に隣接する「ビクトリア・タワー・ガーデンズ」内に、パンクハースト夫人のブロンズ像が建っている。そこには、長女のクリスタベルのレリーフ（顔の浮き彫り）もあるが、シルビアの名前はない。

しかし、女性参政権付与の理由としての国家貢献説は、権力者が体制を正当化するために描いた歴史から生まれるものだと、筆者には思われてならない。

歴史は、勝利者・権力者によって、その行為を正当化して後世に伝えるために描かれることが、きわめて多い。「サフラジェットは犯罪行為を行った」と、社会で広く知られている史実に一つの焦点を当てる。次に、「サフラジェットの多くが戦争遂行の上で国家に大きく貢献した」と、もう一つの史実に焦点を当てる。そして、本来は直接関連のない「犯罪行為＝悪行」と「国家への貢献＝善行」を関連づけて、悪行と善行を帳消しにすることによって、女性参政権運動の歴史に幕を下ろすのである。

このように歴史を描き終えると、何世紀にもわたって女性を差別してきた国家の責任が問われなくなる。サフラジェットが平和的な手段で参政権を求めていた時代に、国家権力が暴力で女性を弾圧し、不当に投獄し拷問を加えた事実も、数人の女性を殺した事実も、権力が描く「正当史」の舞台から消え去っていく。さらには、「あのサフラジェットでさえ支援した戦争」と、英国が参戦したのは正当であったとの印象を後世に残すこともできる。

アスキス内閣の直後に成立した、第一次ロイド＝ジョージ内閣（一九一六年一二月六日〜一九一八年一二月一五日。自由党—保守党—労働党連立内閣）の政策を、女性参政権支持に変えた要因の一つに、女性の国家貢献もあっただろうが、そのほかに要因は多くあったと考えられる。

当時、アイルランド全土がまだ英国に併合されていたため、独立運動が活発化していた。一九一六年のイースター（復活祭）には、英国の支配を終わらせアイルランド共和国の樹立をめざして、アイルランド人が武装蜂起した。主都のダブリンは、女性二〇〇人を含む戦闘員によって数日間占拠され、アイルランド共和国の独立宣言が出された。

七日間の蜂起は英軍によって鎮圧されたが、死者は、反乱軍・英軍・民間人の合計で四五〇人、負傷者は、二六一四人に及んだ（資料＝BBC: War & Conflict 1916 Easter Rising）。

政府が「国民代表法」法案を議会に提出した一九一七年五月の二カ月前には、ロシアで三月革命（ロシア暦では二月革命）が起き、ニコライ二世は退位を余儀なくされ、帝政ロシアの時代は幕を閉じた。

英国の労働党は、ロイド＝ジョージ連立内閣に加わっていたが、党内は戦争に関して意見が分かれ、政党としての政治力を低下させていた。しかし、政党の勢力とは別に社会主義運動・労働運動は力をつけつつあった。また、シルビアとＷＳＦは、アイルランドの独立運動を支持していた。

このような国内外の政治情勢を勘案すると、ロイド＝ジョージ内閣が、これ以上問題を抱えるのを必死に避けたことが十分推測される。女性参政権運動が再燃し、アイルランドでの武装蜂起が再発し、組織労働者が運動に加わった場合、政権の危機以上の国家危機が懸念されたのではないだろうか。

ロイド＝ジョージ内閣が、「選挙法改正議長会議」の報告書に基づいて「国民代表法」の法案を速やかに作成し、遅滞なく議会を通した背景には、これらを含む多くの要因があったと考えられる。

国家貢献説を主因と考える根拠は薄く、女性参政権付与決定は、女性の貢献が大戦中に顕著になる以前に、ロイド＝ジョージが決意していたと筆者には考えられる。その理由は二つある。

まず第一に、既述のように、ロイド＝ジョージは、英国がドイツに宣戦布告を行う一カ月半前に、シルビアと議会内で朝食をとり、破壊行為が中止されれば参政権を与える努力をする意思表示を行い、彼が女性参政権付与に失敗したら辞職するとまで述べている。

ロイド＝ジョージは、当時は大蔵大臣で、政権担当閣僚の一人としてアスキス首相と対立する姿勢は見せていなかったが、首相と異なり、女性参政権を求めるシルビアたちの運動の側に理がある事実を熟知していたのであろう。アスキスの後に首相の地位に就き次第、女性参政権付与のために必要な立法作業を具体的に推進する覚悟をしていたと考えられる。

第二の傍証は、ロイド＝ジョージがお抱え運転手（chauffeur）として、サフラジェットを採用した事実である。

彼は、第一次世界大戦中の一九一五年五月に、大蔵大臣から軍需大臣に就任し、一六年七月には戦争大臣に、一二月六日には首相になっている。このように政界のキャリアを積み上げていた彼が、軍需大臣になって彼のお抱え運転手として採用したのが、シャーロット・マーシュであった。

シャーロット・マーシュは、ハンガー・ストライキを獄中闘争に用いだした初期の女性の一人で、強制摂食も繰り返し体験した意志強固な女性だった。一九〇九年にはアスキス首相がバーミンガムで講演を行った際に抗議した女性の一人としても記録に残る。既述のように、彼女は、講演会場の隣の家屋の屋根にメアリー・リーと登って、手斧でスレートを剝ぎとって警官隊に投げつけ、警官隊の放水と投石でずぶ濡れになり血を流しながら闘った女性だ。また、WSPUの有給スタッフの一人で、オックスフォード、ポーツマス、ノッティンガムなどの地方組織の活動を指導していた。

このような経歴を持つサフラジェットを軍需大臣がお抱え運転手にしたことは、ロイド＝ジョージが女性との闘いに終止符を打って完全に和解し、政治家の責任として女性参政権を実現するとの意思表示を、闘った女性たちや政界・社会に示したものであったと見るのが、妥当ではなかろうか。

ロシア革命の情報提供活動

ロシアでは、一九一七年に起きた三月革命（二月革命）の結果、立憲民主党によるブルジョア政権である臨時政府と、労働者や兵士の代表による評議会「ソビエト」との二重権力構造が、成立していた。シルビアはこの二重構造を素早く見抜いていた英国人の一人であった。

しかし、一九一七年には一一月革命（一〇月革命）が起き、レーニンを指導者とするボルシェビキ（「多数派」の意。一九一八年三月に「ロシア共産党と改名」）が、臨時政府を打倒した。

シルビアは、ロシアでボルシェビキが政権を掌握すると、一九一八年に、彼女が率いる組織名のWSF（労働者参政権同盟）を変更し、「労働者社会主義同盟」（WSF＝Workers' Socialist Federation）とした。新旧の組織名の略語は、双方が「WSF」となり、変更がなかった。

組織名の和訳は、「同盟」でも「連盟」でも、この場合も実質的な差異はないであろう。肝心なのは、「参政権同盟」を「社会主義同盟」に変更した点だ。この改名によって、彼女たちの組織は、もはや男女同一参政権の獲得のために闘争するだけの組織ではなく、社会主義政権の樹立をめざす政治組織に変革したことが、さらに明確になった。英国における共産党創立のプレリュードであった。

シルビアは、「労働者社会主義同盟」に名称を変えた後、一九一八年九月には、機関紙「労働者のドレッドノート」出版所の上階に、ロシア革命後のロシアの政治・経済・軍事・社会などに関する正確な情報を英国内で入手できるように、事務所を開設した。

事務所の名称は「ピープルズ・ロシアン・インフォメーション・ビューロー」（People's Russian Information Bureau＝PRIB）とした。

シルビアがPRIBを開設した理由は三つあった。

まず、革命において、ロシアで何がどのように起きたのかと、その後のロシアの政情や経済についいて、正確な知識・情報を英国国民に伝える必要があると考えた。

ロシア革命が正当なものか否か、英国でも社会主義革命が可能かどうかなどを判断する上で、まず必要なのはロシア革命についての正確な知識・情報であると考えた。シルビアは機関紙発行を通して、英国・ロシアに加えてヨーロッパ諸国の社会主義者と広範な人的ネットワークを構築していた。社会主義運動の情報収集とその分析能力は、他の追随を許さなかった。

次に、PRIBは、英国政府の反革命策動に対する防波堤でもあった。英国政府がロシア革命に反対し、干渉しつつあった。シルビアは、国民がロシア革命を正確に理解すれば、英国政府の干渉が不当なものと、国民に理解されるであろうと期待した。

三つ目の理由は、祖国を捨てイースト・エンドに住むようになった、ロシアと東ヨーロッパからのユダヤ人移民に、最新情報を提供すべきと考えたからだった。

ユダヤ人は、ヨーロッパ各地で何世紀にもわたって繰り返し迫害を受け、祖国を捨てていた。祖国脱出は、一八八一年から第一次世界大戦が始まった一九一四年の間にも高まった。飢餓・貧困・迫害のため、帝政ロシアやポーランドなどから二〇〇万人のユダヤ人が祖国を離れ、一二万人から一五万人が英国に逃れて来た。その避難民の大多数である約一〇万人がイースト・エンドへ入り、縫製や靴づくりなどの手仕事で生活を営んでいた。現在もその子孫の多くがイースト・エンドで生活している。

帝政ロシアで、住民が集団になってユダヤ人を迫害する行為は、「ポグロム」と呼ばれ、各地で繰り返し発生した。ユダヤ人住居・店舗への襲撃に加えて殺戮事件が頻発した時期の一つは、一九〇三年から一九〇六年であった。偶然であるが、WSPUの初期活動期と重なる。

「ポグロム」は、政府の唆《そそのか》しや黙認のもと、非ユダヤ人住民によって行われた。帝政ロシアの政治・経済・社会に対する国民の不満が、ユダヤ人へ向けられたのだ。

一例は、オデッサで一九〇五年一〇月一八日から二二日に起きた「ポグロム」だ。一六〇〇軒以上の家屋が襲撃され、四〇〇人以上（一説には八〇〇人以上）が殺害された。同年九月五日に帝政ロシアの敗戦となった日露戦争の結果への国民の不満が、この「ポグロム」の一因と言われる。

シルビアは国際人道主義者で、ユダヤ人を地域で擁護していた。英国でも後年ファシズムが台頭し、一九三六年には三〇〇〇人近くの黒シャツ姿のファシストが、イースト・エンドで威圧的な大行進を試みたが、シルビアの思想と実践を知る地域の老若男女が体を張って通過を阻止している。

ＰＲＩＢは、活動の一環としてパンフレットを発行した。タイトルには、新しい国家の「憲法」の説明などに加えて、次のようなものが含まれていた。

「ソビエト・ロシアの一年」「ロシアの労働組合運動の点描」「ソビエト社会主義ロシア共和国」「レーニンの革命観」「ボルシェビキの目的」「ロシアからの目撃者」などである。

終戦と国政初の女性参政権行使

第一次世界大戦の西部戦線の戦闘は、一九一八年一一月一一日に、実質的に終結した。ドイツと連合国側が休戦に合意し、同日午前一一時に、フランス北部のコンピエーニュの森で停車した鉄道車両（食堂車）内で、休戦協定が調印された。

この休戦協定の時刻に合わせて、英国では毎年、一一月一一日に国会議事堂脇の時計台「ビッグ・ベン」の鐘の音が午前一一時を告げると、第一次世界大戦とそれ以降のすべての戦争・武力紛争の戦没者の追悼が、二分間の黙禱《もくとう》を捧げて、全国一斉に行われる。空港ロビーもデパートもスーパーマーケットなども一斉に、静寂が二分間満たす。

休戦協定が調印されると、英国は以下のような日程で国会下院選挙を行った。この総選挙が、「一九一八年国民代表法」の下で行われる最初の国政選挙で、条件つきながら三〇歳以上の女性が初めて投票できる選挙となった。

加えて、二一歳以上の女性には被選挙権が与えられたので、一七名の女性が立候補した。

一一月一一日　休戦協定調印
一一月一四日　国会下院を一一月二五日に解散する決定
一一月二五日　国会下院解散
一二月一四日　投票日
一二月二八日　開票日

有権者数は、男性が約一二九〇万人、女性が八五〇万人。投票率は男女全体で五七・二%であった。投票率がかなり低かったのは、休戦協定調印一カ月後に投票が行われた短期間の選挙戦であったのと、従来の総選挙では投票期間が数週間あったのが、今回から一日のみになったからであろう。

なお、投票から開票まで二週間を要したのは、海外にいる兵士の投票用紙が英国国内に届くのに時間がかかったためである。

自由党も保守党も、他党との連立を志向する多数派と、単独志向の少数派に分かれ、少数派は党の公認を受けない候補者を立てて戦った。総議席数は七〇七議席で、主要政党の議席獲得数は以下のようであった（資料＝United Kingdom General Election, 1918. World Heritage Encyclopedia）。

連立保守党	三三二議席	（連立志向。六一議席増）
連立自由党	一二七議席	（代表者ロイド＝ジョージ）
シン・フェイン党	七三議席	（アイルランドの英国からの完全独立をめざす政党）
労働党	五七議席	（一五議席増）
保守党	四七議席	（連立を志向しない少数派）
自由党	三六議席	（連立を志向しない少数派。代表者はアスキス元首相）

女性に参政権を与える立法に成功したロイド＝ジョージの連立自由党は、連立保守党に大差をつけられ第二党になった。しかし、連立保守党内にもロイド＝ジョージの根強い支持者が多く、選挙後の自由・保守・労働党の連立内閣で、ロイド＝ジョージが首相の座を引き続き維持した。

女性参政権闘争で女性の「政敵」であったアスキス元首相は、この選挙で落選した。自由党はこの選挙以降勢力を衰退させ、再び政権に就くことはなかった。

キア・ハーディが初代党首を務めた労働党はこの選挙で一五議席増加させ、この選挙が「保守党対労働党」時代のプレリュードとなった。

最初の女性国会議員

英国史上で最初に女性が立候補し、女性も投票した一九一八年一二月の総選挙には、パンクハースト夫人を中心とする女性党は、クリスタベルを候補者にして戦った。女性党は、保守党支持勢力と協議して、クリスタベルの選挙区では保守党系の立候補を見送らせた。しかし、労働党にわずかに七七五票の差で敗北した。

一七人の女性候補者で当選したのは、当時英国に併合されていたアイルランドのダブリン市内の一選挙区から立候補した、伯爵夫人のコンスタンス・マルキエビッチ（Constance Markievicz 一八六八〜一九二七年。五〇歳）一人であった。彼女が英国で最初に女性国会議員として選出された人物だが、彼女はウェストミンスターの議会へ登院しなかった。

登院するには、英国国王への忠誠宣言を行う必要があった。しかし、彼女はアイルランドのシン・フェイン党のメンバーだった。英国のアイルランド併合・統治政策に抵抗して闘っている人物の一人で、国王への忠誠を誓う意思はなかった。彼女は、選挙前の一九一六年イースターには、前述のアイルランド独立をめざした武装蜂起で政府軍と戦闘を交えて検挙され、死刑を宣告された。しかし、処刑を執行されることなく後日の恩赦で出獄していた。

マルキエビッチ伯爵夫人は、ロンドンのスレイド美術学校とパリで美術を学んでいる。そして、サフラジェットになり社会主義者になって革命家になった女性だ。彼女の経歴はシルビア・パンクハーストのそれと一部類似する。

このような経緯があって、女性が英国史上初めて参加した一九一八年の下院議会議員選挙では、女性が一人国会議員として選出されたが登院しなかったため、女性国会議員は誕生しなかった。

選出された女性が登院して最初の国会議員となったのは、米国生まれのナンシー・アスター（Nancy Astor）であった。彼女は、夫の子爵が、プリマス・サットン選挙区選出の下院議員から上院議員になったため、空白となった同選挙区の補欠選挙で保守党系候補として立候補した。その結果、一九一九年一一月一五日投票の選挙で当選し、一二月一日に女性国会議員第一号となった。

武器輸出を拒否した港湾労働者

ロシア革命の波及を恐れた英国とフランス政府は、ロシアの白軍（反革命軍）を支援し、ロシアに対する干渉戦争を仕掛けた。米国も派兵を決定し、日英同盟を結んでいた日本は、一九一八年八月からシベリアへ出兵を開始し、秋には派兵総数が七万三〇〇〇人に達した。

イースト・エンドでは、シルビアや社会主義者・労働者が、「ロシアに干渉するな」（Hands Off Russia）と、干渉戦争反対キャンペーンを地道に行っていた。シルビアは、機関紙やチラシで、「資本家階級と帝国主義者に加担して異国の内政に干渉するな」「英国の労働者が他国の労働者を弾圧するのは避けろ」

と訴え、イースト・エンドの波止場をめぐって労働者を説得していた。

英国は、干渉戦争の一環で武器輸出も行い、その積出港の一つが、イースト・エンドの波止場であった。ところが、一九二〇年五月一〇日、ロシア反革命勢力向けの武器・弾薬の輸出が阻止されたのだ。その日、貨物船「ジョリー・ジョージ」号は、ポーランド経由でロシアへ輸出される船荷の荷積み作業を始めた。船荷が武器や弾薬であることに気がついた港湾労働者は、荷積み作業を拒否し、武器輸出が阻止された。

荷役作業に従事する労働者の多くが低賃金の日雇いだった。荷役を拒否すれば、日当が入らないだけではなかった。その先、会社から睨《にら》まれて、早朝に波止場へ出かけて行っても仕事を与えられない危険があった。貧困と不安定な日雇い仕事に悩まされていたイースト・エンドの港湾労働者が、自分の日当や先の仕事よりも、見知らぬ国の労働者との国際連帯を大切にしたのである。

「言葉ではなく行動を」で、武器輸出を阻止したイースト・エンドの港湾労働者の先駆的な闘いの精神は、その後世界の意識の高い労働者に引き継がれていった。

日本政府は、一九五四年に通称「日米秘密保護法」(六月九日法律第一六六号)を制定し、防衛庁(当時)のミサイル研究・開発用に、スイスのエリコン社から地対空ミサイル「エリコン56」(Oerlikon 56)を輸入する決定を、同年一一月に行った。

一九五八年八月に、エリコンを積んだ「有馬丸」が横浜港に入港すると、全日本港湾労働組合などの労働者が、ミサイル陸揚げを阻止する闘争を同月中旬に展開した。多くの港湾労働者がランチに分乗して「有馬丸」を取り囲んで陸揚げ阻止を試みたが、結果的には阻止できず、闘争数日後に「エリコン56」は、防衛庁の手に渡った。

近年の武器陸揚げ拒否の代表事例は、南アフリカで起きている。中国船「安岳江」号（The An Yue Jiang）は、ジンバブエのムガベ政権が輸入しようとした中国製武器七七トンを積んで、南アフリカのインド洋に臨むダーバン港へ向かった。入港直前の二〇〇八年四月一七日に一時係留した際に、船荷には、銃弾三〇〇万発・迫撃砲弾二五〇〇発・ロケット弾一五〇〇発などの武器が含まれている事実が、船荷目録から発覚した。

ダーバンの港湾労働者は、武器がムガベ政権の手に渡った場合、反政府勢力を武力で弾圧するために使用されるに間違いないと判断し、荷役作業を拒否した。結果、「安岳江」号は、武器を陸揚げすることなくダーバン港を出港した。その後、船会社はアフリカのほかの港での荷揚げを検討したが、港湾労働者の国際団結の壁に阻まれた。結果、「安岳江」号は四月二四日に帰路に就いた。

共産党（第三インターナショナル英国支部）創立

参政権運動にかかわっていた女性たちは、一般に問題意識が高く、女性の参政権や女性の人権問題に限定されることなく、広く政治一般に強い関心を持っていた。パンクハースト夫人とクリスタベルが女性党を創ったのもその反映である。

WSPUメンバーが、闘争戦術として破壊行為を認めるか否かで分裂したように、第一次世界大戦参戦への賛否に加えて、ロシア革命への対応にも女性の間で大きな相違が見られた。

英国の戦争支持の先頭に立っていたのがパンクハースト夫人であったが、夫人は、ロシア三月革命が起きると、ロイド＝ジョージ首相の同意の上でロシアを訪れて、臨時政府に英・仏・露の「三国協商」を維持し、ドイツと闘い続けるように訴えた。そしてロシア一一月革命で、レーニンが率いるボルシェビキが臨時政府を倒して政権を掌握すると、夫人は英国の干渉戦争を支持した。シルビアやアデラが社会主義者や労働者と共闘するのを嫌って、二人を除名にした夫人とクリスタベルであったから、ロシア革命に関しても夫人とシルビアの考え方は完全に対立した。シルビアは革命を支持したのみでなく、国際共産主義運動を推進するため、英国に共産党を作る決意をした。

当時、英国にはマルクス主義者以外にもかなりの数の社会主義者が存在し、思想の微妙な相違で、英国各地に大小数多くの多彩な社会主義政治結社を作っていた。シルビアたちのWSFもそのような組織の一つであった。

WSFは、一九二〇年六月に、スコットランド、マンチェスター、ロンドンを含む各地の社会主義者に呼びかけて、同月一九日と二〇日にロンドンで会議を開き「共産党（第三インターナショナル英国支部）」（The Communist Party-British Section of the Third International）を創立した。略称は、CP（BSTI）。党員は三カ月後に四三〇人になり、その後約六〇〇人前後になった。

この創立会議以降の会議で、党組織の詳細が論議されることになるのだが、この会議の時点で、シルビアが編集・発行を行っている「労働者のドレッドノート」を、CP（BSTI）の党機関紙とすることが決定し、シルビアも同意した。

シルビアは迅速に行動してCP（BSTI）を立ち上げたが、英国内でCP（BSTI）に結集した社会主義者は、人数的に限られていた。多くの社会主義者や労働者を党員とする確固たる「共産党」の誕生では決してなかった。

国際共産主義運動の指導のために、レーニンらが一九一九年にモスクワで創立した「第三インターナショナル」（コミンテルン）は、シルビアたちの闘争方針に批判的であった。レーニンとシルビアは、英国の政治状況の分析に関しては共通の認識を持っていた。しかし、それを変えて社会主義国家を建設するための具体的・段階的闘争戦術に関して、意見が合わなかったのだ。

レーニンは、まず第一に、CP（BSTI）は、ほかの社会主義者・結社と一定の妥協をして、一丸となって英国で一つの共産党創立をめざすべきと主張した。また、そのようにして一つに結集した共産党が成立したら、すでに議会政党として活動している労働党と結束すべきと考えた。

しかし、シルビアは、彼女たちの純粋な社会主義思想を犠牲にしてまで、「一つの共産党」に結集することに躊躇《ちゅうちょ》した。シルビアの思想には、WSPU以来の「ホワイト」（純粋）が色鮮やかに位置づいていたのである。また、英国の労働党は革命を志向する政党ではなく改革志向の政党で、結局のところ資本主義の温存に加担する政党であると、彼女は考えていた。さらには、シルビアたちは、実践活動を通して議会闘争の限界を肌身で感じていた。もはや議会を通して政治を変革する途《みち》を捨て、各地に労働者のソビエト（評議会）を作るべきと考えた。イースト・エンドでの住民との闘争体験から、それが可能と考えていたのであろう。

シルビアは、レーニン宛の私信や機関紙上の公開質問状で、レーニンと革命論争をした。その過程で、レーニンが提案したのが、一九二〇年七月一九日から開かれる「コミンテルン第二回国際大会」

での、シルビアとの論争であった。

シルビアは、当時、警察に加えてMI5の監視下にあった。また度重なる投獄によって、英国政府は彼女にパスポートを交付しなかった。レーニンの挑戦を受けて立つには、モスクワへ密航する以外に途がなかった。

モスクワへ密航しレーニンと革命論争

英国の旅券を所持していないシルビアは、モスクワへ渡航しようとしても、ノルウェーやフィンランド政府からビザ（入国査証）を得ることが不可能だった。英国を密出国して、経由地では密入国・密出国し、ロシアへ向かわなければならなかった。

一九二〇年七月、当時三八歳だったシルビアは、ロンドンの北東約一〇〇キロメートルのハリッジ港からノルウェー船籍の貨物船でグレート・ブリテン島の東方の北海を北上し、スウェーデンの港に着いた。そこからノルウェーの小さな港へ海路で移動し、そこで革命政府が手配していた古くて小さな漁船に乗って、スカンジナビア半島の西方の海を北極方向へと進んだ。漁船は、船腹の幅が二メートル四〇センチに至らぬほどの小船で、荒馬に乗っているかのごとく揺れたという。しかし、どうにかしてバレンツ海を航行し続けて、ロシアの軍港ムルマンスクへたどり着いた。

英国のハリッジ港からロシアのムルマンスク港までの海路は、三〇〇〇キロメートルを超える。シルビアは乗り換えのためスウェーデンとノルウェーの港に立ち寄ったから、航路は三二〇〇キロメー

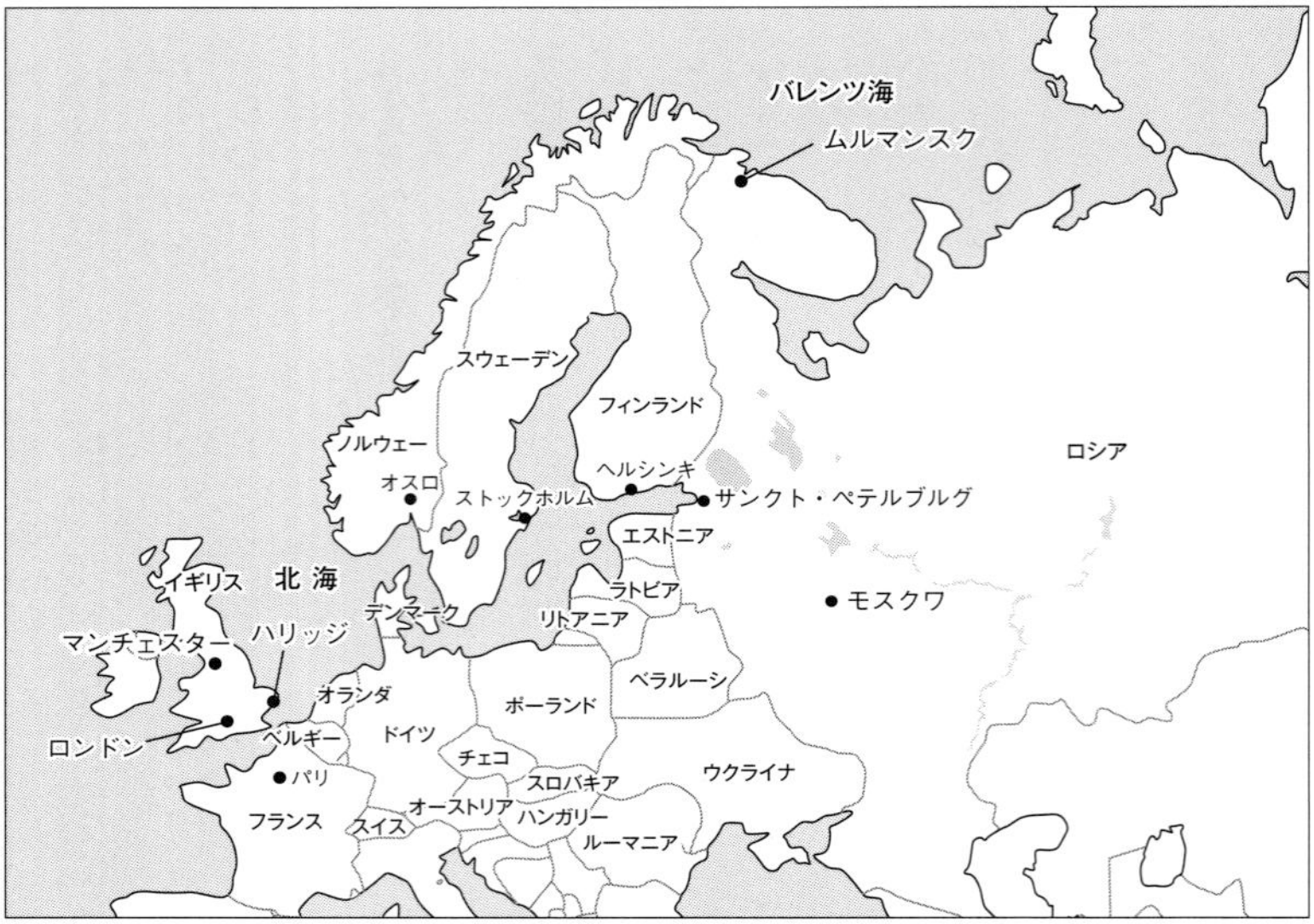

トル前後になったであろう。

ムルマンスクからモスクワまでは鉄道を使い、ペトログラード（一九二四年にレニングラードと改称。現在、サンクト・ペテルブルグ）経由でモスクワに到着している。二一世紀の今日でも、二つの都市間の鉄道距離は、一九六五キロメートルである。列車で三三時間半から三七時間の長旅となる。

シルビアが、肉体的にも政治的にも危険で過酷な長旅をどうにか終えてモスクワのホテルに着くと、シルビアに一刻も早くクレムリンの執務室へ出向くようにとの、レーニンのメッセージが待っていた。

レーニンは、クレムリン内の、かつて帝政ロシア皇帝の寝室・居室であった大きな一画を、彼の執務室や事務局として使っていた。クレムリンへ直行したシルビアはそこでレーニンと初めて会った。

シルビアはレーニンと会った日の最初の印象を、

後日「労働者のドレッドノート」（The Workers' Dreadnought, 16 April 1921）に掲載している。

「レーニンは、彼を取り囲んでいた男たちの中から笑顔で近づいてきた。彼の姿は、ほかの男たちよりエネルギーに満ちあふれ生き生きとして鮮やかであった。ひと目見ただけであたかもずっと彼を知っているかのような感じを与える人物だった。彼の姿には親しみと心安さがあり、そんな彼の姿に私は驚き、うれしく思った。今まで多くの写真で見ていた彼は、暗くて重苦しい人物だったが、本人はまったく異なっていた。背丈はどちらかと言えば低く、体格はがっちりしていた。彼は、何をするにも動作が鋭敏で、頭の回転が素晴らしく速かった。彼の態度は率直だが控え目で、彼は自意識を抱いていなかった。単なる一人の同志として私たちに接していた。彼は、表情がきわめて豊かで、彼の茶色の目はしばしば優しく愉快に瞬《またた》いた。しかし、ときには人々の心の底の想いを突き刺すかのように、人々の目を冷厳に凝視することがあった。」

レーニンは、発達した資本主義国英国における革命に、大きな関心を抱いていたのであろう。ヨーロッパ各地の社会主義者と小さな円卓会議を行った際に、彼はシルビアの右横に座っている。彼の英語も完璧になっていた。ドイツ語と英語の間の通訳者が、英語の間違いをすると、レーニンはユーモアを交えて何回となく訂正した。彼の英国滞在の成果の一つであったのだろう。

レーニンと革命政府の要職に就いた妻のナデジダ（ナジェージダ）・クルプスカヤは、革命以前の一九〇二年四月から翌年五月までロンドンに滞在している。レーニンが革命新聞「イスクラ」（Iskra＝

火花）を、ロンドンで地下発行し、ヨーロッパ大陸へ密輸出し配布するためであった。出版活動は、キングズ・クロス駅の南東一・七キロメートルに位置する「二〇世紀プレス社」で行った。現在は、同じ建物が「マルクス記念図書館」になっている。

レーニンと妻は、この滞在期間中にハイド・パークのスピーカーズ・コーナーを訪れ、ナデジダは、ヒヤリングの練習をしたと後年記している。地下出版活動の合間に、レーニンは大英図書館でも研究をしている。加えて、その後もロンドンをたびたび訪れているので、英語のみでなく英国の政治にも精通していたのであろう。

レーニンは、シルビアがあたかも英国の共産主義者の代表者のごとく、丁寧に接し彼女を歓待している。シルビアを「同志」と呼び、彼女のイースト・エンドでの労働者との闘争実績から、英国の社会主義者の間で実践的な闘争ができる有力な人物と判断していたのだ。しかし、彼女の英国で革命をもたらす闘争戦術への批判的姿勢は変えていなかった。

レーニンは、英国では、社会主義者が一つの確固とした共産党に集結し、多くの労働者が支持している労働党と結束して、ロイド＝ジョージとチャーチルを中心とする自由・保守・労働党の連立内閣を打倒することが、革命に必要な第一段階であると力説した。

シルビアは、彼女たちの闘争戦術に批判的なレーニンではあったが、彼は彼女たちの革命への情熱と真摯に考え力強く行動する姿勢を十分理解していると実感した。そしてレーニンの指導にしたがって、英国の社会主義者の間で一定の条件が満たされれば一つの共産党に結集する決心をして、レーニンとの喧嘩別れは避けた。

国際大会後のシルビアの帰路も、往路同様に密航であった。旅券のない上に身分を隠した女性の一人旅で様々な危険に遭遇したが、イースト・エンドに無事生還している。

シルビアの組織闘争の終焉

「コミンテルン第二回国際大会」開催中の一九二〇年七月三一日に、「グレート・ブリテン共産党」(The Communist Party of Great Britain＝ＣＰＧＢ)が英国で誕生した。

ＣＰＧＢは、英国社会党・社会主義者労働党の一部・南ウェールズ社会主義者ソサエティーなどの大小数多くの社会主義者グループの合併で結成された。ＣＰ(ＢＳＴＩ)同様に、多彩な社会主義者から構成され、規模はＣＰ(ＢＳＴＩ)よりかなり大きく、設立されると党員はすぐに二五〇〇人を超えた。

シルビアは、モスクワのコミンテルン国際大会での議論と、レーニンとの対話の後、レーニンの闘争戦術を受け入れ帰国すると、一九二〇年の秋口から、ＣＰ(ＢＳＴＩ)もＣＰＧＢに結集する途《みち》を模索していた。しかし、ＣＰ(ＢＳＴＩ)内部とＣＰＧＢとの間で、合併の条件や合併後の党組織運営に関して、シルビアが具体的な話し合いを十分行うのを不可能とする事件が発生した。

当時、シルビアは、「労働者のドレッドノート」の記者として、劇作家のバーナード・ショーの紹介で、黒人のアメリカ人記者を採用していた。英国の新聞編集長が黒人を記者として採用した最初のケースであった。

彼女は、黒人の視点から見たイースト・エンドの港湾労働者の問題を、黒人記者とある船員に発掘させて記事にし、ペン・ネームで発表した。

一つの記事は、失業中の港湾労働者たちが、不満を中国人移民に向け中国人を攻撃している状況を批判し、攻撃されるべきは不当な富を蓄えている資産家であると結んでいる。

もう一つは、労働者階級で仕事にありつけず、海軍に入隊した若者の多くが、海軍でも階級の底辺におかれて過酷な生活を強いられ、ときにはスト破りとして港で資本家に使われている状況に関する報道であった。そして、労働条件の改善のために立ち上がれと、記事は兵員に訴え、一九二〇年一〇月一六日から掲載が始まった。

この二つの記事によって、「労働者のドレッドノート」出版事務所は家宅捜索を受けた。嫌疑は、海軍兵士に反乱を起こすよう教唆・煽動したというもので、「戦時国土防衛法」違反であった。

シルビアは、一九二〇年一一月五日に、マンション・ハウス警察裁判所で裁判にかけられたが、記事を書いた二人の名前は明かさなかった。裁判では、「資本主義は不正なシステムで、廃止・打倒(overthrow)されなければならない。私は、それを廃止・打倒するために一生を捧げるだろう」と反論している。この裁判で六カ月の投獄刑を言い渡された後、翌年一月早々の上訴審でも敗訴し、一九二一年年明けからホロウェイ刑務所で再び投獄生活を送ることになった。

シルビアがホロウェイ刑務所で投獄生活を送っていた期間中の、一九二一年一月二九日と三〇日に、英国の共産党関連組織・グループが全国集会を開催した。

CP（BSTI）幹部は、シルビア不在の状況下でレーニンの主張に従い、最大の社会主義組織となったCPGBに合流する途を検討していたが、この大会で正式に合併が確認された。シルビアは、CP（BSTI）の党首ではなかったが、同党の創立を主導した人物であり、CPGBと合流した場合、CPGB内での党員の言論活動の自由が保障されることが合流の絶対条件と叫んでいた。しかし、その確認がなされないままに合併が決定した。投獄されているシルビアには、合併を阻止する効果的な活動は実質上不可能であった。

シルビアは、今回の受刑中には、ハンガー・ストライキを行わなかった。結腸炎を患い刑務所内の病院ですごすことが多かった。獄中生活での囚人義務である清掃などを誠実にこなし、刑期を満了することなく、一九二一年五月一〇日に出所した。衰弱し心身ともに困憊《こんぱい》の極限に至っていた。

一九二一年九月に、シルビアはCPGBの幹部に呼び出され、「労働者のドレッドノート」の編集権をCPGBに移譲し、同紙をCPGBの党機関紙とするよう要求された。シルビアは、譲渡を拒否した。その結果、CPGBは、一九二一年九月一〇日に、「規律違反は許容できない」との通告をシルビアに送った。「追放」や「除名」の文言はなかったが、シルビアの除名を意味した。

このようにして、「労働者のドレッドノート」の記事掲載、家宅捜索、裁判、服役の過程で、シルビアは主導する組織も帰属する組織も失った。女性参政権から始まり、戦争に反対し、困窮者を救済し、労働者階級の解放をめざしたシルビアの、組織闘争の終焉《しゅうえん》であった。

所属政党・組織を失くしたシルビアではあったが、ノーラ・スミスの変わらぬ支持と財政支援があり、「労働者のドレッドノート」の発行は、除名された後も二年九カ月間続けることができた。しかし、一九二四年六月一四日に同紙を廃刊にした。

同紙の廃刊にともない、シルビアは、イースト・エンドを去る。新しい生活の場は、ロンドン北東部の郊外「ウッドフォード・グリーン」(Woodford Green) だ。イースト・エンドの居住地の北東約一二キロメートルに位置し、森や湖や広場が多い清閑な土地だった。

彼女は心身ともに疲れきっていた。パートナーであったイタリア人社会主義者シルビオ・コリオ (Silvio Corio) との生活で、トラック運転手などが休息で立ち寄る小さなカフェを開いた。

エピローグ

一九二八年平等参政権法と初の女性大臣

シルビアがウッドフォード・グリーンでの新しい生活を始めて四年経った一九二八年七月二日に、英国の参政権が男女平等になった。三〇歳以上の女性に一定の条件を付して参政権が付与された一〇年後の、保守党単独政権下での選挙法改正であった。歴史の大きな変遷が見られる。

この法改正によって、二一歳以上の男性・女性の双方が、財産条項などの条件を付されることなく、国政選挙で投票する権利を得た。国会議員に立候補する被選挙権は、一〇年前の「一九一八年国民代表法」と同時に成立した別の法律で、二一歳以上の女性にも男性同様に付与されていた。

男女平等の参政権実現には、英国で最初の女性参政権請願書が、一八三二年八月三日に議会下院に提出された後、九五年一一カ月の歳月を必要としたのであった。

本来当然であるべき男女同等の参政権獲得に必要だったのは、一〇〇年に近い歳月のみではなかった。多数の女性が参政権獲得のために彼女たちの人生を捧げた。結婚や家族の破綻もあれば、闘争のため結婚を諦めた女性もいた。警官の暴行で負傷し、それが完治することなく短命に終わった女性も多くいた。警官の暴行が直接の原因で命を落とした女性も、少なくとも数名はいた。

新しい選挙法の下での最初の下院総選挙が、一九二九年五月三〇日に行われた。今回の選挙の女性有権者は、全有権者の五二・七％で、女性が過半数を超えていた。全議席数は六一五議席。投票率は七六・三％だった。

各党の議席獲得数は次のようであった。括弧内は女性議員数で内数。

労働党	二八七議席	（九議席）
保守党	二六〇議席	（三議席）
自由党	五九議席	（一議席）
そのほか	九議席	（二議席）

労働党が議席数で第一党となり、マクドナルド労働党内閣が成立した。マクドナルドは、一九二四年には、自由党の協力を得ながらも短命に終わった、英国初の労働党内閣で首相を務めたが、今回も過半数を獲得していないながらも、第二次マクドナルド内閣を樹立した。

このマクドナルド内閣で、マーガレット・ボンドフィールド（Margaret Bondfield）が労働大臣に就任した。英国議会史上初の女性大臣の誕生であった。彼女は、労働組合活動家で、入閣以前には、「労働組合会議」初の女性議長としても活躍していた。

一〇〇〇人のジャンヌ・ダルク

英国の女性参政権運動には、既述のように、社会階層を異にする多彩な女性が全国各地から参加し、歴史の一時期を共有した。特に、WSPUのメンバーで投獄された「一〇〇〇人のジャンヌ・ダルク」は、刑務所の内外で心身の激痛を共有し合って、参政権獲得という一つの目標に向かって闘い続けた。北極星を見つめながら荒野を歩み続ける女性殉教者の群像のように。

しかし、第一次世界大戦に遭遇し、その後女性参政権を獲得すると、彼女たちの人生は再び人それぞれの人生となり、彼女たちは、英国と世界の各地へ新しい人生を求めて旅立っていった。

◆パンクハースト夫人は、第一次世界大戦後の一九二〇年から二五年まで、カナダへ渡りトロント市で生活していた。しかしその後帰国し、ロンドンに定住した。

夫人は政界入りを決心し、一九二九年の総選挙で保守党から立候補することが決定していた。しかし、議会を通過した平等参政権法案が、勅許を得る一九二八年七月二日の二週間前の六月一四日に、七〇歳の誕生日を一カ月前にして他界した。

夫人を顕彰するブロンズ像が、一九三〇年にサフラジェットの有志によって、国会議事堂そばの「ビクトリア・タワー・ガーデンズ」に建立され、後年、クリスタベルのレリーフが添えられた。

除幕は、保守党議員で首相を二期務め、男女平等選挙制度を樹立したスタンレー・ボルドウィンが

パンクハースト夫人像（筆者撮影）

パンクハースト夫人像の除幕式

行った。式典の音楽は、WSPUの公式頌歌《しょうか》の「女性のマーチ」（The March of the Women）で、ロンドン警視庁音楽隊が演奏し、サフラジェットで音楽家のエッスル・スミス博士が指揮した。

ブロンズ像の目の先は、パーラメント・スクエアである。二〇年前にはこの広場で、ロンドン警視庁の警官が、サフラジェットに数時間に及んで暴行を加え死者まで出した。「ブラック・フライデー」事件の現場だ。歴史のアイロニーであろうか。

◆クリスタベルは、第一次世界大戦中にロシアへ行き、ロシアに英国とともに世界大戦を戦い続けるよう訴えるほど体制派になったが、終戦後の一九二一年からは、米国で暮らすようになった。

米国では、キリスト教の「再臨派」信徒になり伝道活動を行った。三〇年代には一時期英国に帰り、三六年には、「大英勲章第二位」（ＤＢＥ）を授与された。しかし、三九年には再度米国に渡り、五八年にロス・アンジェルスで七七歳で没している。

◆アデラは、オーストラリアに永住し、当地で結婚後五人の子どもをもうけた。長男には、父親の「リチャード」を、長女には、姉の「シルビア」を名前につけている。

彼女は、永住してから、自由奔放に政治活動を行った。一九二〇年には夫とともに「オーストラリア共産党」創立の中心人物として活躍した。しかし、政治思想は左右に揺れ、二三年には共産党を脱党し、二七年には、共産主義に反対する女性の社会・政治結社を創っている。三〇年代には、さらに右傾化して、ナチス・ドイツに共感を示しだした。四〇年代に入ると右翼団体を結成する。

一九三九年には、夫とともに日本政府のゲストとして日本を訪れ、後日、「訪日所感」を出版している。日本軍が四一年一二月に真珠湾を攻撃した後にも、オーストラリア国内でオーストラリアと日本との和解を叫んで逮捕され、四二年三月から一年間身柄を拘束されている。

晩年の一九六〇年には、カトリックになり、六一年にシドニーで七五歳で亡くなっている。

◆アニー・ケニーは、一〇歳から織物工場で働いた典型的な労働者階級出身の女性でありながら、WSPU幹部になり、第一次世界大戦終了まで、パンクハースト夫人あるいはクリスタベルの右腕として活躍した。活動を通して抜群のキャンペーン能力を各界に周知させた女性の一人であった。

アニーは、第一次世界大戦期間中に、米国とオーストラリアに派遣されている。世論を動かして第一次世界大戦に米国を参戦させるためと、徴兵制導入の国民投票に臨むオーストラリアの首相を応援

女性参政権獲得のために闘った無名の女性たちを称えた記念碑
(筆者撮影)

するためだった。英国内では、ロイド=ジョージ首相の依頼で、兵器工場で働く女性をリクルートするキャンペーンを遂行している。

しかし、第一次世界大戦後はいっさいの政治活動から離れて、直観によって神に触れようとする「神智学」(theosophy)を深く信じるようになっていった。そして英国で「バラ十字会」(The Rosicrucian Order)の役員になっている。

結婚して一児をもうけたが、長年の闘争と投獄で傷ついた身体は一生涯治癒することがなかった。

◆メアリー・リーは、教員時代に建築業者と結婚し、WSPUに入って、過激活動の先頭を走った女性であった。首相官邸への投石によって、WSPUの破壊運動の火蓋を切り、WSPUの音楽隊の隊長としてフランスの革命歌「ラ・マルセイエーズ」を演奏して、ロンドンを行進した姿に象徴されるように、戦闘的女性集団の旗手の一人であった。

彼女は、第一次世界大戦中に、戦争支援活動を行おうと国家の様々な募集に応募したが、闘争経歴ですべて拒否された。そこで、氏名を「リー」から結婚前の「ブラウン」に変えて応募し、救急車の運転手として活躍した。

彼女は、大戦後は際立った政治・社会活動は行っていない。しかし、労働党員になり、反核運動やメーデーには参加している。一九一三年にエミリー・デイビソンが競馬場の事故で亡くなって以来、リーは晩年まで毎年六月にはかならずデイビソンの故郷ノーサンバーランド州を訪れ、墓石に花束を捧げている。一九六五年までは間違いなく生存していたが、没年には定説がない。

エチオピアに眠るシルビア

シルビアは、男女同一参政権が確立した一九二八年以降も、多彩な闘争を一生涯続けた。シルビオとの生活中の一九二七年には、四五歳で男児「リチャード・キア・ペシック・パンクハースト」をもうけた。「ペシック」は、彼女の生涯の親友であり支持者であった「ペシック＝ローレンス夫妻」からとったのであろう。シルビアとシルビオは、諸般の事情で生涯結婚はしなかった。

子育てに追われながらも執筆に多大な時間を費やし、一九三二年までに八冊の書籍を出版している。女性参政権運動の歴史や、第一次世界大戦中の闘争についてのドキュメンタリーに加えて、インドの歴史やルーマニアの詩、出産と母子の健康に関しての著作である。

一九三〇年代に入ると、シルビアの闘争の舞台は国際政治に移行し、反戦運動と反ファシズム国際運動が彼女の活動の中心を占めるようになった。

イタリアのファシスト党・ムッソリーニを批判した社会主義者のジャコモ・マッテオッティ（Giacomo Matteotti）が、一九二四年に暗殺され、彼の妻子へも迫害が及び始めると、三二年には、「女性国際マッテオッティ委員会」を創設して、妻子の保護・救済活動を国際的に展開した。同委員会には、哲学

シルビアと息子のリチャード

者バートランド・ラッセルの妻も参加している。国際署名活動も展開し、ファシズム台頭の危険性を国際社会で訴える先駆的な活動を展開した。三四年には、英国でも「戦争とファシズムに反対する女性世界委員会」を組織し、シルビアは財務を担当している。

一九三五年には、飛行船や飛行機による空爆の危険性を告発している。第一次世界大戦では、ロンドンがドイツの飛行船で空爆された。その後、英国はビルマとインドの北西部を空爆している。イタリア軍はエチオピアでマスタード・ガスを空から使用した。シルビアは、自宅の庭に、投下される爆弾を表す彫刻石像を設置している。設置直後に破壊されたり、再設置した彫刻像が盗まれたりする事件が起きたが、三六年には再度設置し、式典には、英国に加えて、エチオピア、ドイツ、フランス、ハンガリー、オーストリア、ガイアナから人々が参加している。

一九三五年一〇月に、ムッソリーニがエチオピア国境を再び侵犯して侵略を始めると、シルビアとシルビオは、国際連盟がイタリアに厳格な経済制裁を加えるよう、英国には、イタリア船舶のスエズ運河通過を禁止するよう訴えた。しかし、英国やフランスは宥和《ゆうわ》政策をとった。そのためシルビアたちは週刊新聞「ニュー・タイムズ・アンド・エチオピア・ニュース」(New Times & Ethiopia News＝NTEN)を、三六年五月五日に創刊し、反ファシズム運動を活発化した。発行部数は一万部であったが、アフリカ諸国や西インド諸島にも次第に多くの読者が増えていった。

一九三八年九月の「ミュンヘン会議」で、英国の対ドイツ宥和政策によって、ナチス・ドイツの要求通りに「ズデーテン地方」(旧チェコスロバキア領)のドイツ併合が認められると、シルビアは、英国の宥和政策とそれに追従するフランス政府を厳しく糾弾した。

シルビアは、ファシスト国家のドイツやイタリアに一歩譲歩すると、ファシスト国家はさらなる領土拡大をめざすと政府に警告を発した。ファシズムに対して断固とした姿勢を示さず宥和政策をとると、ファシズムを助長させるとシルビアはずばり見抜いていたのだ。ドイツ・イタリア・日本の「三国同盟」の成立を予見し、世界各地でのファシスト国家による侵略戦争の開始を予見して、NTEN紙上、主要新聞への寄稿、要人への私信などを通じて、緊急の警鐘を鳴らし続けている。

一九三九年八月には、ドイツのヒトラーとソ連のスターリンが「独ソ不可侵条約」を締結し、秘密議定書に基づいて、翌月からドイツはポーランドの西半分を、ソ連はポーランドの東半分を分割占領した。続いてソ連はフィンランドにも侵攻し、さらには翌年バルト三国を併合する。

当時、欧米の社会主義者は、スターリン批判を積極的に行っていなかった。しかし、NTEN紙は、一九四〇年八月一七日号で、「スターリン統治下の今日のロシアには、もはや社会主義の微塵さえも残っていないという明確な事実が現れだした」(NTEN, 17 August 1940)と、スターリンを糾弾している。さらに四〇年には、スターリンの大粛清をNTENの連載記事で報道し、鋭い批判を継続した。

ムッソリーニ、ヒトラー、スターリンの非人道的行為と大虐殺に対する、シルビアの告発と糾弾の歴史的意義は限定的なものであろう。しかし、彼女は一人の人間としてでき得るすべてのことを行っている。ファシズムの萌芽をイタリアで察知してから第二次世界大戦終戦までの間に、執筆・新聞発行に加えて、シルビアが国際政情分析、政府への政策提言や批判、依頼などの目的で書簡を送り、真摯に論議を交わした相手には、英国首相、米国大統領、イングランド国教会大主教、エチオピア皇帝、哲学者バートランド・ラッセル、国際連盟事務局などが含まれている。

パートナーのシルビオは、一九五四年に亡くなった。シルビアは、NTEN紙の発行を二〇年間続けたが、一九五六年に廃刊にした。

一九五六年には、エチオピアの「ハイレ・セラシエ皇帝」(Emperor Haile Selassie)の招待を受け入れてエチオピアに渡り、息子のリチャードとともにアジス・アベバに住んだ。

画学生時代の若い日から晩年まで日々闘いに明け暮れ、闘争を人生としたシルビアの生活には、「休息」という概念がなかった。「徹夜」は特別なことではなく、日常生活の一部であった。食事は、マーガリンを塗ったパンと紅茶で済ませる人生だった。そんなシルビアにも休息日が訪れた。

彼女は、一九六〇年九月二七日にアジス・アベバで永眠した。享年七八歳。皇帝の勅命でエチオピアの盛大な国葬に付され、エチオピア国家の「英雄墓地」に埋葬された。

遺体はアジス・アベバで眠っているが、二一世紀の今日、マンチェスターやイースト・エンドを超えて世界の各地で、「私たちのシルビア」は、困難と闘い続ける多くの女性・男性の胸に蘇り生き続けている。

(完)

あとがき

本書執筆中に、パンクハースト夫人のひ孫で、シルビアの孫のヘレン・パンクハースト博士が日本を訪れ、国会議員から高校生まで各界の多彩な人々と交流したという嬉しいニュースに接した。しかし、本年二月には、彼女の父親で元アジス・アベバ大学教授のリチャード・パンクハースト博士が亡くなった訃報にも接した。彼もまた、シルビアと同様にエチオピアの国葬に付され、母親が眠る墓地に埋葬された。荒野に一直線に延々と続く路《みち》の彼方に、静かに沈む夕日が、私のまぶたに浮かんだ。

執筆の過程で、収集済みの資料の間に見られる矛盾を解明するために、ロンドンの女性参政権闘争ゆかりの地を再三訪れた。国会議事堂周辺やホワイトホールなどの「戦場」へ出かけて事件を脳裏で再現したり、裁判記録を片手に、パンクハースト夫人が裁判にかけられた中央刑事裁判所の前にしばし佇むと、眼前の風景と一〇〇年前のモノクロームの映像とがオーバーラップした。

イースト・エンドでは、鎖でお互いの体をつないでシルビアを守った二〇人の男女の足音と、鎖の擦れ合う音や、演説会場でシルビアを逮捕しようとする警官から彼女を守るために、「飛べ、シルビア！　飛べ！」と、壇上のシルビアに向かって叫んだ男たちの声を聞いたような錯覚に陥った。

サフラジェットの誕生から活動の終焉《しゅうえん》までを、その前後の歴史的文脈を含めて一冊にまとめるため

エミリー・デイビソンの100周忌を記念するイベント。左がシルビアの孫ヘレン・パンクハースト博士（筆者撮影）

には、言及できる事柄と人物の数に限界があった。「一〇〇〇人のジャンヌ・ダルク」の一人ひとりに、かけがえのない人生があり、闘争への情熱と貢献があった。それにもかかわらず、彼女たちの圧倒的大多数を割愛せざるをえなかったことに胸が痛む。罪の意識さえ感じている。

サフラジェットの壮絶な闘いの詳細を知るようになるにつけ、いつの日にかその全体像を日本へ伝えるのが、日英を往来して生きてきた自分の使命と思うようになっていた。その思いを抱きながら、久しく時がすぎた。今その日を近くして、自分で自分に課した使命を、ある程度果たせたのではないかと安堵している。

本書を書き上げる原動力となったのは、私の異端な生き方に常に理解を示し、私が何かに取り組むと陰で励ましてくれる、英国と日本の元職場の「同志」の存在であった。とりわけ、一九七三年前後に名古屋税関の職場で、私の「デンマーク留学闘争」を支えてくれた全国税関労働組合の元闘志から激励を受けた。四〇年以上の時間と日英の空間を超える同志愛に感謝している。

多くの方々の激励とご支援があって世に出る本書であるが、特にヘレン・パンクハースト博士と大月書店の編集者森幸子さんには大変お世話になった。ここに記して感謝申し上げたい。

パンクハースト博士には、彼女の曾祖母と祖母の著作の中の用語と概念のいくつかについて、私の理解が適切かどうかを相談させていただいた。ご丁寧なお返事をいただき、自信を持って執筆を続けることができた。また、古い写真中の人物の認定でもお世話になった。

森幸子さんの反ヘイト・スピーチ活動を偶然ネットで知り、本書の素稿をお読みいただけないかお尋ねした。幸いにもご関心をお持ちいただいて編集も担当していただいた。執筆当初から願っていた、若い世代の女性の豊かな知性と感性による編集が実現し、喜びながら感謝している。

本書が手元に届いたら、ノーサンバーランドへ行ってエミリーに草花でも捧げようと思っている。

二〇一七年夏　ヨーク市の自宅の庭の吾亦紅《われもこう》が風に揺れるのを見ながら

中村　久司

Classics, 2008.
◆McCarthy, T. *The Great Dock Strike 1889*. London, Weidenfeld & Nicolson, 1988.
◆Pankhurst, E. *My Own Story*. London, Eveleigh Nash, 1914. (Published by Vintage in 2015.)
◆Pankhurst, E S. *The Suffragette: The History of the Women's Militant Suffrage Movement 1905-1910*. New York, Sturgis & Walton, 1911.
◆Pankhurst, R. *Sylvia Pankhurst: Artist and Crusader*. New York & London, Paddington Press, 1979.
◆Pankhurst, R. *Sylvia Pankhurst: Counsel for Ethiopia*. Hollywood, TSEHAI, 2003.
◆Raw, L. *Striking A Light*. London, Continuum, 2012.
◆Steinbach, S L. *Understanding the Victorians: Politics, Culture and Society in Nineteenth-Century Britain*. Abington, Routledge, 2011.
◆Wingerden, S and Wingerden, S A. *The Women's Suffrage Movement in Britain, 1866-1928*. Basingstoke, Palgrave Macmillan, 1999.
◆Wood, M. *The Great Turning Points in British History*. London, BBC History, 2009.

主要参考文献

◆Ackroyd, P. *London: The Biography*. London, Vintage, 2001.

◆Atkinson, D. *The Suffragettes in Pictures*. London, Museum of London, 2015.

◆Bearman, C J. *An Examination of Suffragette Violence*. Oxford, The English Historical Review 120, 2005.

◆Blanning, T C W. *The Oxford History of Modern Europe*. Oxford, Oxford University Press, 2000.

◆Bullock, I. *Sylvia Pankhurst: From Artist to Anti-Fascist*. New York, Springer, 1992.

◆Connelly, K. *Sylvia Pankhurst: Suffragette, Socialist and Scourge of Empire*. London, Pluto Press, 2013.

◆Davis, M. *Sylvia Pankhurst: A Life in Radical Politics*. London, Pluto Press, 1999.

◆Fawcett, M. *Women's Suffrage: A Short History of A Great Movement*. CREATESPACE, 2015.

◆German, L and Rees, J. *A People's History of London*. London, Verso, 2012.

◆Harrison, S. *Sylvia Pankhurst: Citizen of the World*. London, Hornbeam, 2009.

◆Harrison, S. *Sylvia Pankhurst: The Rebellious Suffragette*. E. Sussex, Golden Guides Press, 2012.

◆Holman, B. *Keir Hardie*. Oxford, Lion Hudson, 2010.

◆Jackson, S and Taylor, R. *East London Suffragettes*. Stroud, The History Press, 2014.

◆Law, C. *Suffrage and Power: The Women's Movement 1918-1928*. London, I.B. Tauris, 1997.

◆Marlow, J (ed.) *Suffragettes: The Fight for Votes for Women*. London, Virago Press, 2015.

◆Mayhew, H. *London Labour and the London Poor*. London, Wordsworth

著者

中村久司（なかむら ひさし）

1950年、岐阜県生まれ。岐阜県立斐太実業高校電気科卒業後、名古屋税関に就職。1975年に税関を辞めて渡英し、日英を往来の後、1988年からイギリスのヨーク市に永住。1994年、ブラッドフォード大学で日本人初の平和学博士号取得。在職中、英国の２つの大学で国際教育プロジェクトを担当。2008年、日本国外務大臣表彰を受賞。

著書に『観光コースでないロンドン』『イギリスで「平和学博士号」を取った日本人』（以上、高文研）、英語歌集『The Floating Bridge : Tanka Poems in English』（Sessions of York）など。

寄稿に『第９条：和文と英文の差異』（軍縮地球市民No3）、『Peace Constitution of Japan』（The Oxford International Encyclopedia of Peace）など。

装　丁　　藤田知子

ＤＴＰ　　編集工房一生社

サフラジェット

英国女性参政権運動《えいこくじょせいさんせいけんうんどう》の肖像《しょうぞう》とシルビア・パンクハースト

2017年10月16日　第１刷発行

定価はカバーに表示してあります

著　者　　中村久司

発行者　　中川　進

〒113-0033　東京都文京区本郷 2-27-16

発行所　株式会社　大月書店

印刷　三晃印刷

製本　中永製本

電話（代表）03-3813-4651　FAX 03-3813-4656　振替00130-7-16387

http://www.otsukishoten.co.jp/

ISBN978-4-272-53044-1　C0022　Printed in Japan